오늘부터 영원히 생일
권누리 시집

문학동네시인선 240 권누리
오늘부터 영원히 생일

시인의 말

이 산책의 끝은 모조리 계획되어 있다

가벼운 어둠에도 땅을 더듬으며 간다
나란히

유원지를 한 바퀴 돌고 나면
각자의 집으로 돌아가야지
시작으로 되돌아오면 그때는 잊을 시간

헤어지기 위해서 하는 인사는 이제 관두고 싶다

나의 유일한 비밀은 비밀 없음

이제는 깨어나야 한다는 것을 안다

2025년 8월
권누리

차례

시인의 말   005

1부 새 차원의 시차

비기너	012
파랑계	014
광 선로	016
아키비스트	018
내가 살아 있었다는 것을 너는 기억하겠지	020
르상티망 키즈	022
금속 레코더	025
빛들과 완전	026
오래된 섬광	028
종로	029
유리 리코더—다른 방향에서 볼 때 더 빛나는	030
오래된 섬광	032

2부 아름다운 희망 곁에서 깨진 유릿조각을

유리 껍질	034
자연사	036
풍경	
만타(萬朶)	038
크리스털글라스	040
크툴루 키즈	042
환멸과 혼상(魂箱)―희에게	044
스너프 박스	046
숲 빛 촉	048
오래된 섬광	049
동티―북향, 비판텐과 자상	050
서로 닮은 천사의 얼굴	052
백색 잉크는 늘 막힌다	054
연결 녹지	055
살림과 실체	056

3부 나와 가장 다른 나의 미래

인지	058
세계	
여름과 공멸	060
동티—패, 호스트는 없음	062
기제	064
여름 유령 상처 장미	066
회전하는 의	068
파라텍스트	070
성전	072
초목과 양떼들—정인에게	073
우중	074
궤적	
선택과 집중	076
순례자의 요일	078
광선과 율동	079

4부 동시대의 기쁨

회심	084
겹	085

전환과 의례	086
키치	088
알코브—희에게	090
천사와 유령의 토르소 토르소	092
모더니티	094
둥티—불신자의 나라, 판정단 부재	096
모스와 바벨론	098
도형, 유령의 역사	100
나의 유령 어금니 모양	102
포인터	104
성, 모노레일과 케이블카	106
거주 공간	108
선정릉	109
음영	110

해설 | 루프물의 리얼리티 혹은 유령의 유물론　　113
　　| 김미정(문학평론가)

1부
새 차원의 시차

비기너

죽지 마
명령하면 안 되니

어제는 피아노를 샀어
가끔 치려고

명랑하게

창문 너머 비행기가
밥그릇은 언제나 비어 있고

천장에
달라붙은 열기가 깔깔 웃으면

이 이상 살기 위해 무엇을 해야 할까?

구르기 위한
언덕을 갖고 싶어
처박힐 우물도

자랑 없이
칭찬도 없이

청소기 헤드로 빨려들어가는

정오

함께 있을까

조금만
더 울어보고

파랑계

그날 우리는 전시의 동선도 모르고 아주 작은 불상과 불쌍 사이를 오래 걸어다녔다

한때 살아 있던 사람이 만든 모든 것

모방하는 마음

신이 우리를 보는 게 불가능하고
느낄 수만 있다면
우리는 어린 불행에 대한 예감으로 감지될 것이다

바닥의 화살표를 따라가면 새로운 관이 또다른 관이

관 속에서
유리벽 너머 옥 목걸이와 금속 귀고리를 오래 본다

아, 아름다워.
참 아름답다.

우리는 여전히 아름다운 복제 앞에 서서 가장 완벽한 사랑은 발명되지 않았음을 깨닫는다

그렇게 바다로 가버린다 파묻힌 것 파묻힌 곳 파랑은 높고

재현할 만하지만 이 온도는 우리를 위한 것이 아니었다 우리는 공주가 공주를 말리는 장면을 본다
하지 마, 하지 마세요.
따끈하고 희미한 볕 아래서 모르는 소년이 바삭바삭 말라간다 망치고 싶지 않아서 발바닥만 턴다 발로 발을
비빌 때 느껴지는 견고한 건조감

멀리서 찰싹거리는 소리가 울린다
침엽수림의 지난여름은 오히려 침묵중이었을 텐데

공주야, 봐봐. 쟤 어때?
저 여자애, 어때?

나를 살린 것은 천사가 아닌 악마였으며,
죽은 친구는 지난 애인들의 얼굴을 하고 꿈에 나타났다

광 선로

살아 있는 것들은 이제 재미가 없어
친구는 새로 이주한 천국이 흥미롭다며
나를 두고 천국 것들과만 놀고

나는 너무 질투가 나서 지옥에서 가석방된 천사 몇
몰래 만나보기로 했어요

천국의 친구와 지옥의 우리가 찰나의 바다를 사이에 두고

밀려가기, 떠내려가기
드디어 떠나가기에 대해 실습하였을 때

잘못을 가장 많이 해서
제일 오래 살아남은 나에게 친구는
슬픔과 고난, 죄책감이나 환희,
블랙코미디 같은 격려를 그새 잊힐 꿈속에서 전해주었다

그러니 천사와 숨바꼭질할 때면

우리는 깡통이나 과자 부스러기 같은 것을 눈치도 없이
 너무 잘 밟는 탓에 서로서로 역할을 바꾸며 이 놀이를 영
원히 합니다

이 놀이처럼 살아갑니다

가끔은 내가 기쁠 때 나도 기쁘면 좋겠다
생각하고

듣고 있니, 보이니?

만나고 있니,
우리?

너나 나의 장례식에 몇 번이나 가도
나는 너의 장래를 떠올리는 사람으로 살아간다

눈을 뜨자마자 너희를 사랑한다
또 검은 옷을 챙겨 입으면서

아키비스트

우리는 열다섯 살에 이미 서로의 미래를 보고 왔다

그때 우리는 같은 강과 산의 이름이 들어간 교가를 다 잊고 새 양육자를 찾아다니고 있었다

학교 구석에서 불을 지르다가 머리카락 끝을 태우고
초록 대문 열쇠를 잉어가 사는 연못에 던지고
스파클러로

자정을 휘저으며 언덕을 마구 뛰어다닐

그리고 마침내 각자 서로의 연인에게 도수가 맞지 않는 안경을 선물해 모든 이를 미아로 만들,

그애들을 모아

내 머리맡에 쌓인 먼지를 털도록 한다
깨끗하고 낡은 원목 식탁에 둘러앉힌다

자신 있는 마음을 차리면, 애들은 얕은 냄비 안에서 실리카겔처럼 작고 동그란 슬픔을 탁탁 터뜨리며 논다

안녕, 이제 가

보낼 마음도 없이

인사를 하면 조금 수척해진 얼굴로 다시 초인종을 누른다

누구세요 누구신데요 어디서 오셨는데요 그러나
재수없고 상냥하지도 않으면서 깜찍한

세계는 대답도 하지 않고 들어와서는 벌써
제자리를 찾고 있다

— **내가 살아 있었다는 것을
너는 기억하겠지**

— 너는 아름다운 가정에서 학대와 보살핌을 받으며 자랐다
그 집은 아주 넓어서 숨어들기 좋았다

겨울을 보낸다 우리는 우리가 망친 것을 치우며 입김을 불어 이름을 쓴다

각자의 최후를 책임지기 위해 여러 번 실종되었던 우린
속죄하고 싶을 때마다 큰 쓰레기봉투를 사 꽉꽉 채워 내다버렸다

망원의 익숙한 풍경 안에서
우리의 삶이 거듭되었음을 깨닫는다

손을 흔들면 누가 뒤돌아봤다
우리는 종소리를 전달하는 매질로서 우리를 선택했다
너는 이 집을 떠나 이사를 간다

빈 벽을 두드려보는 일은 중요했다
어느 날 깊이 잠든 너의 곁에서 눈을 감으면 마음이 쉽게 축났다

손을 겹쳐 잡아야 이루어지는 소망 같은 게 있어
물끄러미 올려다보는 곳마다 사람이 살고 있었다

—

우리는 지옥보다 천국을 더욱 먼저 발견할 것이다
오래된 집 앞 산책로 가로등 개수보다도 먼저

너는 용서받을 수 없는 잘못을 저질러
천국에 당도하지 못한 천사의 죄를 훔치기 위해 태어났다

나는 네가 훔쳐오는 죄를 본다 그리고 새 차원의 시차를
목격하는 오늘의 오후

르상티망 키즈

빗물이 빗물을 씻어낸다 자전거를 탄다

일과가 끝나면 최면에 빠진다

당신은 이제 깊은 잠에 빠져듭니다
종소리가 울리고 의식이 천천히 구름을 걷어차면

몸 구석구석 모서리를 만들기 위해
죽음과 숨바꼭질을 한다 담벼락이 되어, 거대한 귀퉁이가 되어,
그애가 내 등뒤에서 눈을 가리고 천천히

하나, 두울, 세엣………

다 세고 찾아 나서려 해도

어디에도 내가 없으니 죽음은 어디
멀리 가지도 못한 채 깨진 아스팔트 조각에
발을 끼우고 서서 흙을 파다가

해가 지면 내 무덤으로 쏙 들어가 풀을 덮는다

빗물이 빗물을 닦아낸다 달리기한다

와이퍼가 닦아낸 빗물처럼
내팽개쳐진 기분으로 부끄럽게 흘러내린다

내가 살아 있으나
결코 쉽게 발견되지 않는 이 공간에서는

컵을 깨뜨리거나 그릇 또는 화병을 깨도 큰 유릿조각은 아무래도 밟을 일이 없었다

재빠르게 치워지는

눈에 잘 띄는 것 아름다운 것 매혹적이고 위험한 것
사랑하고 싶은 것
손으로 덥석 잡아 건져올릴 수 있는 것

그러니 우린 어디에 있어볼래? 아주 작은 것 아주 작고 투명한 것
흔적도 없는 것 사라지고 잊히기 쉬운 것

예리하고 아주 작고 아주 날카로운

가짜

가짜 같으니라고

모조 같은 이 마음이 이토록 소중하다니
가장 환한 빛 아래서 높이 치켜드니 충분했다

이렇게까지 빛나네

거짓말인데

빗물이 빗물을 훔쳐낸다 깊은 잠에 빠져든다
기어코

금속 레코더

나는 눈이 나쁘고 오늘은 크게 실수한 것이 없다

권태로운 겨울
추위는 여유로운 인간을 위해 무기력함을 버린다
위험하고 즐거운 계절, 아, 지겨운 계절

안경을 쓰지 않는 일이 얼마나 가치 있었는지,
사랑한 사람을 알은체하지 않을 수 있었다는 것이

깨진 유릿조각에서 빛이 번져나가며 악의의 걸음마가 시작된다
빠르게 못된 단어를 익히고
얼마 지나지 않아 입을 다문다

아무것도 알지 못한 채 너무 많은 것을 알아버린 느낌

이제는 거죽이 벌겋게 벗겨진 나의 수치심 위에
축축한 레몬 껍질을 문지르며.

빛들과 완전

여름과 겨울 사이에도 사람이 태어난다니, 이토록 당연한 비밀을 여태 아무도 내게 알려주지 않았다니

가끔은 사람이라는 이유로 모르는 사람을 함부로 사랑하게 되어 잠든 너의 미래를 따르는 일도 어렵지가 않았다

너에게 가장 필요한 건 기분을 표현하는 언어, 신나고 기쁜 것, 또 아름답고 충만한 것, 원할 때 부를 수 있는 이름
깨끗한 신발

탐정의 옷을 빌리지 않아도 이다음
가야 할 곳을 알고 있어

우리 자전거를 훔쳐 천변을 달릴래?

농구 코트 곁을 지나칠 때 누군가 어이, 어이, 소리치며 공이 탕탕 튀는 소리가
가까워진다

어이!
어이!

나의 오른편으로는 농구공이 왼편으로는 꽃가루가

튀며 나르며 공중으로 탕탕 흩어진다구!

가슴과 옆구리를 투과한 빛이 등뒤로 둥그렇게 부풀면
바람―우리에게 언제나 필요한 양식과 슬픔 없는 기대를 주시는
빗물, 아스팔트를 두려워하지 않고
클로버는 행운과 행복을 가리지 않는다는 믿음

그 빛은 내 것이었던 적이 없어 돌려받을 필요가 없는데
공기를 가득 채워 탄성 좋은 공처럼 튀어오른 심장이 두근대며 나를 올려본다

나는 차가운 사실을 얼음처럼 오래 녹여 먹는다

우리 사이에는 비밀이 없지만, 너의 세계에는 아주 많은 비밀이 있었다.

오래된 섬광

나를 위해 여름의 뼈를 바르며 너는 울었다
행운은 가장 사랑하는 인간의 모습으로 나타났다

거울을 본다

종로

리타. 길을 걸어. 길을 걷는다는 감각을 느낄 수 있을 정도로. 계절에 너의 이름을 붙이고. 길을 걸어. 엘리베이터가 설치되지 않은 역사, 계단, 가로등. 그 아래, 오래된 간판, 노랑, 붉은색, 푸른색, 흰색, 검정. 글자. 굴림과 바탕, 명조, 돋움. 볼드. 이탤릭. 흔들리는. 네온사인과 명명, 담배꽁초와 커피, 테이크아웃, 홀더, 음식물 찌꺼기. 배설물. 리타. 걷고 있니?

이파리가 나뒹굴 때 너는 아프지 않고 바람은 너의 등을 후려치고 있다.

소리 나지 않지만,

걸어. 리타. 태어난 곳을 떠나온 사람의 마음에 침 뱉는 것들을 모두 죽여. 죽여. 죽이자. 걸으면서.

발아래에는 버려진 것투성이다. 노동과 화폐, 가상의 신, 가스등 불, 유해한. 시간. 유한한 체력, 폐기물, 아스팔트, 도료, 직선과 곡선, 걸어봐. 너는 너의 계절을 바싹 마른 수건처럼 걷어 곱게 갤 수 있다. 풋풋하게 건조된 이름에서 너는 듣는 대신 보고 있구나. 푸른 잎사귀 흔들리는. 흐르는. 인조, 가공된, 인공의, 그러니까. 걸어. 리타. 그러면 너는 어디든 지나칠 수 있다.

유리 리코더
―다른 방향에서 볼 때 더 빛나는

몸이 불타고 있다 돌려 말할 것이 없다
진실을 밝히기 위해
몸이

다시 달리는 차 안에 있다 너무 빠른 속도에 적을 수 없는
아름다운 초록을 많이 지나친다

너무 빠르다 마음조차 기록할 수 없게

불타고 있다

눈을 뜨고 바람을 맞는다 계절과 무관하게 눈물이 고이는 것
유구한 역사를 가진 신의 장난이다

농담, 소문, 뒷거래, 헛기침, 속임수, 소매치기, 뒷돈

불타고 있다

동료의 집들이에서 새 시계를 봤다
그러나 새로운 시계도 낯선 시간을 데려오지 못해서

미래

그애를 미행하는 일이 자주 지친다

불타고 있으니까

모르는 사람이 모르는 사람에게 맡겨둔 나의 미래를 찾으러 간다
비치지 않는 오래된 얼굴, 그림자

숨

빛

반려되고 있다 반겨주면서

동료는 어제 꿈에서 나를 보았다고 말했다

주머니에 너무 많은 쓰레기가 있다고 생각했는데,
몸을 뒤집어 벗겨 털어내니 모조리 한때 우리였던 재였다

오래된 섬광

나는 우리가 너무 오래 잠들어 있다는 걸 안다
꿈 밖에서는 눈부신 환대를 경험한 지 너무 오래되었고
이곳에서 만난 인물들의 호의는 무척 다정해서 슬펐는데

너는 여기서 오래 살고 싶다고 한다
잎이 넓고 울창해 짙은 그늘을 만드는 나무 아래서

우리 오래 살자
우리 오래 살자, 말하는 것을 들으며

나는 부서진 빛의 조각을 원피스 자락에 주워 담아
어디로든 갖고 갈 수 있으면 좋겠다고 생각한다

한여름이 정수리에 쏟아진다

투명하게 빛나는 손바닥

오늘부터 영원히 생일을 축하받고 싶다
가끔은 이 긴 꿈에서 깨어나 산 사람들에게 걱정 말라고
우리는 여전히 너희를 사랑한다고 위로 건네고

2부
아름다운 희망 곁에서 깨진 유릿조각을

유리 껍질

너 내가 사랑했어?

지난겨울 앓았던 코트 주머니에 넣어둔 건 착각이었어

인사 없이 아기 신을 떠나보내며
얕은 분지의 새 나무도 나를 떠올리는지

궁금하다
두고 온 것과 버리고 온 것은 아무래도 같지 않고

너 나도 사랑했어?

덩굴 자라는 모양새를 예측할 수 있게 되면
선 책상 앞에 서 조용한 의자 뒤를 차버린 파란 기계식 주름치마의 슬픈 얼굴을 이해할까?

이해할까

서서 자는 사람을 본 적이 있어

오래된 풍속계가 느리게 돌아간다
너는 너의 운동장을 천천히 한 바퀴 돌고,

나 이제 누울게

      지금 집에 혼자 있어?
      아니, 작게 말해야 돼.
        혼나면 어떡해?
      그럼 혼나야지……

축하받으려고 너를 사랑했어
전등 컨 채로 잠들 수 있는 한낮

태어났던 사람을 위한 케이크를 고른다

**자연사
풍경**

세상이 끝나는 날
나와 함께 있지 않을
사람을 골라
사랑하는 일

우선되지 않는 차례에
아직 세상이 끝나지 않아 조금 더
걸을 수 있었다

푸른 담장을 따라
심장이 흐르고
그 곁을 쫓으면

정수리에 이파리가 스친다
피하기에 너무 늦은 여름

너무 늦은 탓에

모두가 자리를 비운 파티장을
혼자 지키고 있다
꼭 나의 생일 같다

산 사람은 테라스에서 습한 바람을 쐬고

담배를 피우고
땀을 쭐쭐 흘린다 죽은 친구가
살아 있는

숨 속을 비집고

틈새마다 투명한 영혼을 끼우며
남은 사랑을
젠가 조각처럼 쌓는다

그것이 내 눈에는 잘 보였는데
사랑하는 사람이 가장 사랑하는

사람의 눈에는 보이지 않았다

먼 미래에
최선으로 돌이켜보아도

만타(萬朶)

  일기에만 존재하는 날씨를 안다. 선택된 기후만이 기록용으로 후술된다. 선별된 기억. 상주 옥상 위에서 은박 돗자리는 말라가고 있다. 어디를 보든 검은 산. 떨기나무 우수수 빛도 보지 못하고, 훔쳐 신은 슬리퍼를 벗고 올라서면

  겹과 겹 사이
  체온을 높이기 충분한 열기

  햇볕 쩡쩡한 날이면 인간도 은박지 위에서 슬픔 같은 것을 모조리 말려버릴 수 있다. 냉이 꽃줄기 잎줄기 아래로 끊어지지 않도록 당겨 두 손바닥 사이 줄기 끝을 끼우고 비비면
  파드득
  파드득 냉이가 짤랑대고

  앵두,
  달려온다.

  앞산 뒷산 옆산 다시 반복되는 것이 이 또랑은 고디 잡기도 좋게 얕네, 맞제.
  얌전히 앉아 젖은 발을 말릴 만한 가장 너른 바위를 찾아 물가를 떠도는 게 여름방학의 우선 과제였을지 몰랐는데.

  일기장을 덮으면

눈을 똑바로 뜨고 있어도 차가 발등 위로 지나갔다.

크리스털글라스

상흔과 성흔을 구분하는 일 때문에 천 년이 흘렀다

손바닥이 이유 없이 아픈 날이면 어릴 적 매달려 있던 철봉의 쇠
냄새를 떠올려
마구잡이로 운동장 바닥을 파헤치는 무리

저 안에는 천사가 누워 있는 유리 관이 있을 것이다
부드럽고 가늘고, 숱이 많아 풍성하고 아름답게 느껴지는 흑모

윤기 도는 기쁨과 환희가 가지런히
잠든 듯 죽어 있을 것이다

철봉에 거꾸로 매달린 아이는 나보다 수십 살도 더 많아 보인다
갓난쟁이 같은 얼굴을 하고 웃지도 울지도 않고

내가 그 자전거를 넘어뜨렸다는 걸 아는 사람들이 모두 죽으면 좋겠다

작은 것일수록 훔치기 쉬워 가끔 믿음 같은 것을 몰래
소매에 넣어 유리문을 밀고 밖으로 나왔다 팔뚝이 따뜻하

게 데워짐을 느끼며

  뒤집힌 땅
  매달린 천사가 철봉을 돈다

  유리로 만들어진 철봉대는 매끄럽고 빛이 난다
  눈부시게
  노을이 피를 칠하고

  천사의 배후가 되어 시간을 때운다

  나는 그 모든 것을 보고 있다
  나는 그 모든 것을 보며 천 년을 죽지 않고 살아 있다

크툴루 키즈

바다제비가 날아가고 있다 검정은 시야 외로
수면 위의 빛
흐르는 것 따라 낮게

난생하는 검은 새가 땅을 팔 때 긴 그늘이 생긴다

누군가 내려다보고 있다

나인 것 같다
어쩌면 우리일 것이다

팔을 벌리면 집단이 된다
보이지 않지만
거기에 있다는 것을 응달이 입증한다

몇 개?
몇 개가 필요해?

다시, 여름을 수집하는 캠프의 청소년들처럼

열네 개의 여름을 겨드랑이 안에 잘 끼워두었다
축축하고 쉰내 나도록 데워지는
여름

푸르게 익어가는 얼굴들을 본다

유리구슬이 굴러오면 밟아 멈추게 한다
구슬은 투명할수록 빛을 잘 머금는다

우리는 우리를 비추는 빛을 잘 갖고 있다가

퉤
뱉어버린다

환멸과 혼상(魂箱)
―희에게

　내가 거기에 없다고 해서 내가 거기에 없었던 것은 아니다 나와 희는 함께 바다에 간 일이 없지만, 희와 내가 물에 대한 감상을 공유하고 있음은 허상일 리 없다

　우리는 바짝 가문데다가 그나마도 얼어붙어 딛고 설 수도 있을 것 같은 천변을 걸었다

　침묵과도 같은 슬픔이 언 천 위에 마른 이파리로 겹겹이 동결되어 있었다 슬픔은 우리가 천변을 걷기 전부터 그곳에 누워 있었으나, 꼭 선물처럼 가지런히 마련되었고
　우리는 성탄 전야의 어린이처럼 가만히 잠자리로 돌아가 다음 아침을 기다리는 기쁨과 불안을
　손에 쥐고 길을 걸었다

　미지근한 감정이 혼곤하게 섞이는 중에도 겨울 오후 공기는 부지런히 공중을 쓸고 닦았다

　집으로 돌아가는 방법을 골몰하는 걸 희에게 들키지 않기 위해 걸음을 늦출 때
　희는 겨울의 속도를 따라잡듯 올봄 계획을 이야기했고,
　우리는 다가올 여름에는 바다가 보이는 곳으로 등산을 가자는 다짐을 나누었다 여름이 오리라는 믿음은 애니메이션 오프닝처럼 반드시 끝이 있으리라는 불길함을 동반하

였으며
 나는 그 예감을 희 또한 느꼈을 거로 짐작했다

스너프 박스

두 손을 겹쳐 잡으면 고여 있던 대기는 강물처럼 흐른다
우리 저기 많이 갔지,
떠내려가는 유성을 올려다보며 담배 피웠고

소원은 노랗고 흰 고양이 등허리에 얹어두었지

멀리 가
다시는 되돌아오지 않도록

어쩌면 세상의 모든 기원은 개인과 집단을 떠나 자연발화
하여 잿더미가 되도록
고안되었는지 몰라

그을음이 얹힌 새벽이 스스로 접힌 뒤축을 펼쳐 올릴 때,

 구르는 것에 몸 싣고 펼쳐진 도로 위를 이름도 출신도 없
이 마구 뛰어가려고
 오므려진 시간이 퍽 튀어오르며 펼쳐질 때

 그 안에 주먹을 넣었다가 말았다 하며 잡히지 않도록 하
는 놀이
 반복하다보면
 나는 둥글게 모인 폭력의 손바닥 안에 머리를 넣었다 빼

며 담금질하고 있었던 것 같아

 흐리게 젖어가는 눈알을 꺼내 흐르는 물에 가만히 풀어놓고
 하나씩 흔들어 헹궈내면 눈꺼풀이 덮어주는 세상의 어스름, 속눈썹은 거스러미

 까슬까슬한 팔뚝을 쓰다듬으며
 기대앉아 있다

 이 강변 공원에 오리배처럼 생긴 게 떠간다 타들어가는 담배를 언제까지 물고 있을 작정이야, 우리는 우리가 묻힌 무덤 위에서 춤을 추며 손뼉 친다

 뚜껑을 열면 둥글게 손끝 모으고 돌아가는 무용수
 어린이 손 위 작은 오르골처럼

 피아노 연주곡
 작곡가 미상의 아일랜드 민요.

숲 빛 촉

천장에 유리구

모서리는 음습하고 날카롭다

먼지와 이끼와 곰팡이와 흙

마룻바닥
소리를 흡수한다

미친 한기가 기척도 없이 기도로 방문한다

볕은 나를 위한 적이 없어 유리구
구른다

기울어진 바닥

윗집은 숲을 가꾸는 데 열중한다

혼자 살아본 적 없는 이가
이미 오래전 실패한

저녁식사를 펼친다

오래된 섬광

우리가 가진 빛은 아주 오래된 것이라
누구에게도 팔 수 없다

동티
―북향, 비판텐과 자상

나는 메이 어쩌면 마이
혹은 미아
언젠가의 미애

어느 순간 나의 한 손은 홀수 나의 한 손은

태어난 적 없는 아가의 등을 두드리며
우주의 일부를 별 모양으로
영원히 조각할 크기의 첫울음을 터뜨리도록

고개를 숙인다
왜 나를 데리고 가지 않아?

나는 나의 탄생을 잊고 길러준 어른의 눈동자를 잃었다

나는 메이 그러니
이제 미아

또
다가올 미래

깨끗하고 따뜻한 흙처럼 늙고 부화할 것이다
그 사실은 설화가 아닌 신화에 가까우며

나의 위로
부드러운 슬픔이 깔리고 덮인 채 지나간
자리마다 늦여름의
물비린내와 풋내를 담은 향이 흩어질 때

나의 두 손은 짝수
나의 손톱은 짝수

문틈에 끼인 흔적은 홀수
붕대의 바퀴

셀 수 없음

웃음 홀수
외로움 짝수

모질게 팔뚝을 긁는다
팔뚝에 새긴 부드러운 십자가를 뭉개며

한여름처럼 쉰 두부가 으깨진다

보내기 싫어서 잘 가라고 인사한다

서로 닮은 천사의 얼굴

도시의 천사는 흰 빛을 휘두르고 눈물을 흘리며 이제 모두 끝났다고 이야기했다

　천사야, 하지만 나는 여전히 너를 사랑한단다
　나만은 그 저주를 피해가지 못했구나

　도시의 사람이 아름다운 너를 반드시 사랑하게 되는
　사랑스러운 저주에서 풀려나 이제는 진심만 남은 투명한 심장을 보며
　마음에 비치는 사랑하는 인간의 얼굴을 보며 행복에 겨워 있을 때

　여태 너를 사랑하는 일은 나의 뜻인 것만 같아
　낮은 관목 푸르고 너무 또렷하고 작은 잎의 테두리가 눈을 벨 것 같은데……

　이토록 다정한 저주는 처음이다 그러나 천사는 나를 안타까이 보고

　그 얼굴은 낯익은 마룻바닥 무늬처럼

　하지만 우리는 행복할 수 있을 거야 더는 우리라는 걸 원하지 않지만

많은 사람들 틈 영원히 혼자고 싶은 이 도시의 사람으로

천사야,
너를 사랑하는 건 나의 예정에 없던 일이지만

너의 날개가 빛보라처럼 밀려오네 멀리서 간지러운 음악 소리가 너와 함께 있을 때면 이 모든 게 정말인 것 같아 도시가 까맣게 물들어 눈 깜빡일 때마다 어둠이 눈부시게 빛날 때

천사야, 너 아직 거기 있니?

내가 세상에 묻고 싶은 건 이런 것이 전부다.

백색 잉크는 늘 막힌다*

현재가 과거에 영향을 주는 동안 상대적인 마음은 의도도 없이 누굴 자꾸 슬프게 했다

나의 거짓이 진심이 되어버렸을 때 얼굴이 흘러가고
그것은 아름다운 희망 곁에서 깨진 유릿조각을 밟고 서 있다 아름다운 희망 곁에서 깨진 유릿조각을

불필요한 물건이 많은 집에는 귀신이 엉겨붙는다고 한다
문을 열지 않아도 떼거리로 몰려드는 영혼이 나의 몸 구석구석을 슬프게
더듬고 있으리라는 상상

이따금 산 채 매장되는 꿈을 꾸곤 했다 어차피 모든 팔과 다리에는 멍든 기억이 갇혀 있으므로

---

*「DTG 인쇄에 관한 다섯 가지 오해와 진실(Five DTG Printing Myths Debunked)」에서.

연결 녹지

이번 감기는 유난히 독하니 조심해야 한다는 말. 대답을 생각하다가 집안에서 길을 잃었다. 엉성해서 도무지 예쁘다고는 말하기 어려우나 귀엽고, 또 의도한 것이 맞는지 아니면 아주 잘못 만들어진 건지 알기 어려운 삐뚤어진 도자기 컵처럼. 내 자리가 정해지지 않았기 때문에
 발견한 나를 손에 쥐고 주머니 깊숙이 쑤셔넣었지만 그때그때
 필요한 나를 찾아내는 일에 실패하곤 했다.

이 여름에 에어컨을 켜지 못하는 이유가 너무 많아서
 다시 서랍과 바닥 틈새를 샅샅이 뒤진다. 십원짜리는 없고 백원짜리는 있다.

목에서 등으로
 미지근한 땀이 미끄러진다. 창밖에선 나무를 심기 위해 나무를 베고 있다.

틀림없이 아름다운 풍경이 만들어지는 중일 것이다.

살림과 실체

이따금 수목원에서 나를 잃어버리고 싶다
내가 나와 함께 신도시의 산책로를 걸을 때

최선으로 단단하게 묶은 새 운동화의 매듭처럼
나를 자주 놓치곤 했으며,
그것을 알면서도 나는 나를 모르는 체했다

마음은 이곳이 아닌 다른 차원에서
이제야 겨우 나의 반절만큼 자라난 어린 나에게
이유 없는
슬픔을 뒤집어쓰게 하고

초봄에 내리는 눈은 지난해 흘린 눈물의 양과 닮았다

오늘은 눈이 내리지 않을 것이다

3부
나와 가장 다른 나의 미래

— **인지
세계**

— 도착하면 연락해.

한강을 건너고 있었어, 그때. 새벽 세시가 훌쩍 넘은 시간이었고 할증이 붙은 택시 요금을 보니
더는 두려울 게 없었어. 도로는 막힘이 없고
가로등이 꼿꼿해. 빛은 가장 어둡고 막막한 곳에서 간절해지니
창문을 내다보는 자세를 하고 있었지만, 내가 그곳에서 무언가를 발견하고 싶었던 건 아니야.

나의 짐은 나의 집이 아닌 곳에서 나를 기다리고

사거리에서 좌회전할 때 맨홀 뚜껑을 차 왼쪽 앞바퀴로 밟는 감각을 익히며
낮고 컴컴한 터널을 지날 때쯤이면 헌 아침이 기침하며 코트를 여미는데

도착은 아직이니.

겨울이 가졌던 병적 도박의 역사를 들은 건 용림여관에 누워 있던 때였지.
이불 속을 더듬으며,

—

머리카락과 털을, 희망과 또 용기를 침대와 벽 틈새로 밀어 빠뜨리는 일. 제각각일 것들
　방음과 방풍이 잘 되지 않는 창문이 덜덜 떨리며 결함을 좁혔다 벌릴 때

　지하철이 지나갔다. 때마침 몇 호선인지 알 수 없는 기다림. 겨울이 또 무엇을 훔쳐왔는지 세어가며 듣다보면
　불면은 천천히 집으로 기어들어가곤 했다.

　첫차를 타고서

여름과 공멸

손 위에서 얼음을 녹여본 적 있는 사람이라면 이해하겠지
그리고 너는 꼭 사과하기 위해 잘못하는 사람처럼 살아
있다

사람으로 살아온 세월이 너무 길게 느껴진다 여름 한낮의
기분 안에서 진실이 천천히 녹아간다

아스팔트 위

세계의 모든 정답은 네모난 빈칸이라 원하는 것을 쑤셔
넣기 참 좋다

이 벽 안의 나보다 저 유리 바깥의 것들이 세상에 더욱 잘
어울리네

문을 열면 손안에 들어차는 건 동그란 것
그러니 나의 가장 큰 공포는 나를 낳아버리는 일

한때

내가 너무 늙어버렸다고 느꼈을 때,

대체로 하루 대부분을 잠 속에서 어둡고 텁텁한 빛을 헤치

며 단단해서 쉽게 변형되는 등뼈를 더듬으며
  이 세계를 질 나쁜 농담 대하듯 속으로 되뇌던 때,

나를 너무 닮아 자라서 내가 되어버리는 나를
가장 가까운 곁에서 먹이고 재우고 어르며 살아가는 풍경

그러나 아기야, 내가 사랑하는 아기들아,
나는 너희를 사랑하기 위해 살아 있다

나의 가장 큰 기쁨은 나와 가장 다른 나의 미래

아무도 몰래 조금씩 목 졸라 죽이는 일

동티
―패, 호스트는 없음

귀신은 실체보다 신체에 가깝다
시체보다도

속수무책으로 산책
한다
너는 살아서 너무 많은 악몽을 꿔
나에게 네가 나오는 꿈이 악몽이 아닌 줄 모르고

너희 집 대문 앞에 서 있다
편지도 전화도
선물도 이름도 없이

몸만 남은 채
고향은 남(南)으로 향한다

나에게는 할당된 묘비가 없다
너의 산책로에는 유언에 남기고 싶은 풍경이

있다

작은 주차장 구석 누군가 침을 뱉어 젖은 흔적

모두 와장창 허물어질 장소를

산책
속수무책으로

기제

봐, 이 여름
꼭 다른 세계에서 온 것 같다

덥지 않고
슬프지 않고 사랑 없고 돌봄
있을까 없을까

내다본 풍경만으로는 알 수 없지만
지상에 걸친
낮고 좁은 창을 더 빤하게 활짝

고양이 모습의 유령 한 명
들어온다!

뒤이어 버려진 유령 개 한 명
개미를 등에 업은 개미 유령 총 세 명

날개깃 듬성듬성한
비둘기 유령도 한 명

어디를 뒹굴다 온 빛들일까

딱딱한 경멸이 벽돌을 들고 쫓아오고 있다니?

환하게 지친 전면 유리창이라니……

이세계의 여름방학은
길기도 길다

이 루프물 이제 알 것도 같다
마지막 기회는 무엇을 죽이라고
주어진 게 아니다

살려내라고 어서 살게 하라고

다정한 마음은 과분하다
너희 들으라고 하는 말이다.

여름 유령 상처 장미

넘어져서 생긴 상처를 볼 때 내 것이 아니라고 믿었다
피 섞인 수돗물은 맴돌며 흘러내려간다

머리카락이 유령처럼 엉겨붙은 새까만 여름 정오

뺨에 붙은 머리카락을 떼어낼 때도 생채기 내지 않으려 조심하는 사람

낮은 턱조차 천국으로 향하는 길처럼
허락되지 않은 어제로 느껴졌으나,

손과 손이 이어지는 것만으로도 구원 서사는
학종이처럼 풀썩 바람 일으키며 뒤집히고

문득 다친 무릎이 마구마구 간지러워질 때

계절감

다친 데를 보면 가장 아픈 시절을 상상하게 돼 새파랗고 싱그러운
어린 유령의 미래가 고작 인간이 되는 거라 생각하다보면,

여름이 쪼그라들며 쿰쿰한 냄새

풍기는 이유를 알 것도 같고

해가 변할 때마다
조금씩은 어른이 된다고 믿는 어린이에게

한국의 사계절은 여름과 여름이 아닌 것
그 전부일는지도 모른다는 사실 역시

회전하는 의

　너는 빠르게 대답할 수 없다 역사적인 장소를 방문할 때
만약 내가 과거의 인간이었다면 어떤 선택을 했을까
질문을
종종 받고는 했지만,

　최선을 다할 것이다 내 나라를 팔고, 사랑하는 사람은 죽이고, 가장 소중한 물건을 불태우며, 진심으로

　살아가는 데 너무 많은 살의가 필요했다
전나무와 메타세쿼이아,
측백나무, 가문비나무를 구분하게 된다고 해도

　가끔은 이 도시 바깥이나 이 나라가 아닌 다른 곳에 무슨 일이 일어나고 있는지 잊곤 한다

　재건되는 기쁨을 누릴 새도 없이 모든 것이 이미 완벽하게 느껴지는
신도시의 쾌적하고 청결한 보도를 걸으며,
첫눈을 맞는다

　네 나라의 규칙에 따라 너는 머지않아 새로운 나이에 적응해야 한다

어떤 숫자를 고쳐 쓰는 일은 법에 저촉되지 않았다
그것이 최선에 가까운 경험 중 하나라는 점
부정할 수 없었다

파라텍스트

―

내가 물려받은 거실 진열장 안에는 신의 피규어가 있다 그것의 출처를 아는 사람은 본 적이 없는데, 나의 양육자, 양육자의 양육자도 그저

저것은 신의 모조구나

생각한 뒤 다시는 떠올리지도 꺼내보지도, 찾거나 들여다보지도 않았다고 했다

양육자는 고장을 떠나기 전에 거실과 함께 거실에 속한 모든 가구와 배선, 콘센트와 스위치, 붉은빛 싸구려 막도장을 끼운 서류철과 소품을 내 명의로 돌려주었다

드디어 진열장을 열 수 있게 된 나는 신의 피규어가 응당 혼탁한 유리로 만들어진 줄 알았는데 아주 무거울 걸 고대하며 두 손으로 꺼내 받친 그것이
  무릇 신이 그러하듯
아름답고 영원한 플라스틱으로 만들어짐은 전혀 예상하지 못한 기쁨이었다

폴리프로필렌으로 만들어진 신은 썩지 않는 불멸의 존재 깨지 않는 불면의 존재

―

이렇게 충만한 환희가 내게 오다니, 홀쭉한 콩깍지 같은 고장을 지키겠다고 나서길 잘했다

　거실 바닥에 드러누우니 천장이 높았고, 실링팬을 켜지 않아도 등과 이마가 선선했다

　이제 완전히 나의 몫이 되신 신의 레플리카는 배 위에 얹어도 머리 위에 올려도,
　도무지 무겁지를 않았다

성전

지난 새벽에도 노동은 잠들지 않았다 어린 여자아이들은 공산품과 복제품에 사랑과 믿음을 쏟아 마법을 연마했다 키친타월에 올리브 오일을 묻혀 연마제를 닦아내며 스테인리스 팬을 길들이던 때

용기가 필요한 일은 대부분 정교하게 이루어졌으나

쉽게 대체되었고 옐로나이프에 가지 않아도 밤은 충분히 길었다

합법적으로 돈을 벌어야 했는데 세계를 지키는 일은 주로 불법과 무법 사이에서 발생했다
마법이 전수되는 방법에 대해서는
철저히 함구되었다

초목과 양떼들*
―정인에게

안녕, 나 오랫동안 녹지 못한 눈처럼
새까맣게 살아가고 있어

우리 슬픔이 머물던 자리는 어느새 천국의 터가 되었대

아름다운 꿈은 깨지 않아야 완벽하게 느껴져서
창 너머 꿈의 입간판이 세워지고 있는 모습을 지켜본다
왕국의 요정이 완전한 어둠을 섭취하길 기다리며……

기도 없이도 반드시 이루어져야만 하는 기쁨을 갖고
나는 또 떠나네

안녕, 이건 신의 도합

너무 슬픈 소원을 빌고 싶은 인간아,
이제는 내게도 그것을 떠맡겨도 좋아

살아 있다는 이유로 나는 언제나 그럴 필요 없는 것들을
너무 많이 사랑하곤 했다

이 세계에서는
누구도 신에게 사과받지 않을 것이다

* 블랙홀.

― **우중**
궤적

― 아첨꾼, 묘지기, 양반, 종교인, 정원사, 연구자, 집사, 순례자, 도박꾼, 하이 롤러, 산행객, 공주, 허슬러, 필경사, 협잡꾼, 구술자, 야경원, 사서, 중개인과 광대…… 당연히 모두 내 친구다. 서로를 대신하여 죽어주기에는 겁이 많지만, 서로의 죽음을 떠올리다가 상상만으로 먼저 죽어버리고 말 환하고 흐린 영혼들, 우리.

영원을 약속해 아직 아무도 죽지 않았다. 다행이다. 보이지 않아서, 들리지도 만져지지도 않아서. 우리가 우리를 벗겨낼 수 없어서. 피할 길도 옳은 길도 아무래도 모조리 무너져 있어서. 벗겨진 옷 무덤이 다른 나라로 모조리 옮겨진 게. 걸린 적 없는 값비싼 것을 구경조차 하지 못해서. 참, 다행이다. 우리는 스스로 죽이는 것에 실패했고, 내세에서도 선한 인간이 되지 못해. 지옥이 되어버린 천국이라는 국가에서 다시 만나선

아첨꾼, 묘지기, 양반, 종교인, 정원사, 연구자, 집사, 순례자, 도박꾼, 하이 롤러, 산행객, 공주, 허슬러, 필경사, 협잡꾼, 구술자, 야경원, 사서, 중개인과 광대와 나로서. 산다. 그렇게
영원히, 또 영원히 살아간다.

아름답다.

―

비가 내리니 식물도 우르르 기뻐한다.

선택과 집중

가장 투명한 것은 빗물이어서
맞아도 다치지 않았다

우리는 보이지 않는 곳마다 반창고를 붙이며
천체의 흐름을 잇고 이름 붙이는 일을 하며

몸을 뒤집는다
운동장 바닥에 누워 있으면
세상이 납작하다는 사실을 아무도 모른다는 게 이상했다

평평하고 정갈해서 아름다운 우주에 대한
소문을 아무리 열심히 만들어도
그것은 금세 청소되었다

비가 내린다 지붕이 모처럼 제 몫을 한다

어떤 물은 녹색,
푸른색

또 어떤 것은 놀랍도록 투명했다

손을 담그면 색은 사라지고,
빛의 성의 없는 사랑에 자주 감탄하며……

바닥이 젖어가는데 아무도 우리를 찾으러 오지 않는다
계절이 종식되었다 우리의 예언이 이루어지리라 믿은
인류가 서둘러 죽어버렸다

선택과 집중

옷을 갈아입을 때마다 허벅지에 붙여둔
반창고가 덜렁거렸다

순례자의 요일

식물에게는 손잡이가 없다

사선으로 비가 내린다

뿌리는 흙의 온도를 기억한다

처음 잿더미를 만졌던 날
아무도 나를 혼내지 않았다

쥐는 아궁이로 숨어들지 않는다

아랫목이 타들어간다
거대한 몽고반점처럼

지지고 볶고

젖은 셔츠가 희미하게 말라갈 때

그늘 아래
죽을 준비 할 것들이 많았다

광선과 율동

어제는 자연사한 범죄자에게서 한줌의 평화를 훔쳤다
간편히 살아가기 위해 알아두면 좋은 것 중 하나

놀라워, 천 년을 살아도 아직 배울 것이 많다

슬픔의 손톱을 먹어 겨우 사람이 된 우리는 이 세계의 마지막 정원사
이 침묵 가운데서 빛이 기체를 훑고 지나가는 풍경을 볼 때, 셔터를 누르는 순간 새로운 생이 찾아왔다

너는 빛으로 그림자를 기록한다

나는 어제 길고 풍성한 머리카락을 갖게 되는 꿈을 꿨고
또 어제 화학 시간에는 천사를 이루는 물질에 대해 배웠단다

기쁨은 초록 사랑은 흰색 미안함은 분홍

아픔은 동그라미 죽음은 별표 눈물은 클로버

어느 날, 우리는 잠을 자려고 부활했다 샤워하는 동안 매끄럽고 단단한 타일을 볼 때마다
나의 몸이었던 신체가 딱딱하고 푸르게 변한다
납작한 가슴을 갖고 싶어 슬픔 슬픔 슬픔

모조리 삭제하겠다는 뜻이다

우리는 오래된 죄를 씻기듯 밥을 데운다

너는 나의 죽음을 죽이러 길을 떠난 적 있는 사람이고, 그 길에서 너는 완성되지 않은 소설과 음악 같은 작은 눈을 본다

그 무렵 낯선 인간의 코에서 피가 흐르고 있었다

나는 너를 기다리며 사용 기한이 지난 필름을 풀어 먹고 논다

아름다운 머리카락을 가지는 꿈을 꾸며 태평하고 평안하게

우리는 서로 모르는 채 각자 할당된 세계에 존재하는 나의 조각을 발견하고, 그것으로 집을 짓는다

나를 영원하고 근사한 침묵의 집으로 초대하려고

그러니까 애들아, 여태 살아남은 건 누구야?

가장 요란하게 슬퍼한 우리가 눈을 뜨고 잠든 애 곁에 둘러앉아 사진을 찍는다 깨어나면 보여주려고

실컷 놀리고 골려주려고

우리는 기다리고 있다
골탕 먹이는 사랑을

4부
동시대의 기쁨

회심

이 세계는 이차원

흐르지 않는 강과
흡음성의 사랑

매일매일 몰래
하지 않아도 되는 믿음을
잘 간직하고 있다

누구도 벨을 누르지 않은
버스가 멈춰 선다

등뒤를 돌아볼 때도
시간은 팽팽하게 흘렀다

겁

이미 오래전 교란된 것으로 보이는 독널무덤에서는
어떤 징조도 보이지 않았다
도굴된 항아리는 그로부터 먼 미래에 발견되었다고 전해졌다

엎어둔 패를 뒤집어 짝 맞추는 놀이를 하던 때
가장 많은 짝을 훔친 사람이 다음 놀이의 예언자가 되었다

결국 모두 죽게 될 것이다
놀라는 이 없었으나 대체로 슬픔은 기척을 잘 숨겼다
예감이 축에서 축으로 이동했다

당시 산수유 군락지 근교 초등학교에 다니던 어떤 어린이는 단소를 잘 불기 위해 취구에 몰래 투명한 테이프를 잘라 붙였다

그해 비겁은 생기를 몰고 왔고
유난히 선선한 여름에 의심 없이 선의를 나눴고

그 밖의 모든 일은 다가온 겨울에 시작되었다

전환과 의례

라디에이터 켜진 방에서 누구를 기다리고 있어?

그 방에는 침대가 있어?

창 너머에서

누가 자꾸 플래시를 터뜨리며 사진을 찍어?

   번개와는 달라
    짧은 빛이 지속되는 건 밤이고
  날 수 있어

   대가 없는 다정으로부터 망명하고 싶을 때
   트랜지션의 법칙을 이해하지 못한 채

피 묻은 이불을 덮고
잘못 구운 팬케이크처럼

구멍 뚫린 기억의 가장 깊은 곳에는 익지도 않은 반죽이 밋밋한 맛으로

누구를 기다리고 있어
온다고 믿어

   침착함은 몰라

충동으로 가득찬 물질계를 아카이빙하기로 한 신의 이름을 알아?

   어둠 속에서 찾은
 이름은 아직도 쫓기고 있고

이 국면이 전환될 때

  세상은 흰 빛에 둘러싸이고 말 거라고 한 건
  고장을 떠난 신실한

    배신자

살아 돌아오길 기다리는 게 아니라
다시 태어나기를 기다리는

마음

키치

아무래도 이제는 상류를 찾아 떠나야지
물가에 가니 물이 떠내려오고
그건 우리가 기대한 것과는 달랐다

사파이어, 더피, 레터프레스, 로미오, 라디오미터, 클로버
그런 것들을 건질 수 있었다면 좋았을 텐데

팔을 뻗어서

아니, 팔 말고 날갯짓으로

발톱으로
집게로

지팡이로

누가 자꾸 죽지 말라고 해서 죽지도 못한
것들 그렇다고 또 잘 살지도 못하고

그렇게 말해서는 안 되는 것이었다 상류도 멀었고

그래, 죽이지 마, 애들아. 일단 죽이지는 말고

헤엄칠 준비가 되지 않았지만
입고 온 옷을 벗는다 맨몸은 죄 다르게 생겼다
날아오거나 기어오거나 바퀴와
의자 네 발
혹은 두 발 어쩌면 세 발로.

매끄럽고 단단하고 거칠고 물컹거린다
어쨌든 모조리 상류로 가고 있는 것이다

아무래도 우리만 잘못한 게 아니니까……

지나치는 아기 나무는 모두 비슷하게 생겼네
누군가는 연약한 것만 골라 자르고 불지르고

돌팔매질하니 상류에는 그런 것이 많다니?

부드러운 가죽과 근육
털과 살, 뼈
내장을 더듬으며

우리 각자 가진 이름의 수를 세어보기도 했다
그런 이름이 있는 줄도 모르고

알코브
―희에게

 희는 돗자리 위에 앉아 소프라노 리코더를 분다 아마 이곳으로 소풍을 나온 것 같다 강의 흐름과 우리의 시간이 무관하게 느껴질 때
 연령이 교체된다 말에도 힘이 있다고 해서 유령에게 서로의 이름을 붙여주었다

 혼자 있지 마,
 언제나 같이 있자

 소풍은 끝나지 않고
 이곳은 세계로부터 오목하게 파인 작은 뜰

 희는 이다음에 정원사가 될 거라고 한다 나는 천장이 한참 낮은 도서관의 사서가 되어 책을 모두 뒤집어 꽂아둘 거다 언젠가 시대가 새로운 단어를 발견하게 된다면 그것은 모두 이 숲의 식물에서 기인한 것일지도 모른다

 학명과 의미
 유령
 저기 지나간다 또
 모르는 말로

 희지도 투명하지도 않고 너무 사람 같은 얼굴로

희는 돗자리를 개어 옆으로 민다 하늘을 올려다보면 황새치자리가 선명히 빛나고

끝에서 끝을 이어 눈을 감았다 뜨면 금세 백 살이 되어버리는 아가들처럼. 주먹을 쥐었다 펼치니 단단하게 묶인 체리 꼭지 리본 매듭

우리도 시간이 지나면 무엇이든 진심으로 미워할 수 있게 되겠지?

마당이 너른 집을 갖게 되면 마른 꽃을 널어놓자 바닥에 쌓인 꽃
뭉쳐다 눈싸움하는 한여름

그리고 날아가는 새 한 마리 아마도 어린 멧비둘기

그것 그림자.

천사와 유령의
토르소 토르소

우리가 교복을 버리던 날 눈이 왔다 너희 후회할 거야 그랬지만, 소각장에서 눈구경을 했다 문제집 더미에서 네가 준 쪽지를 찾던 때, 교실 뒷문 유리창에 손자국 내며 못된 짓 한 시간을 반성하기도 했지

우리 학교에 아주 무시무시한 연못이 있었지?

빠지면 살아남을 수 없을 거래서 더 자주 들여다보며 물 비린내 사랑했던 날까지도

우리강산 푸르게 푸르게* 나의 가장 낮은 마음
우리에게 축복하신**
     그 사랑이 우리의 것과는 달라

새로 포장하고 리본 묶어 맨 뒤 돌려보냈어 신에게 선물 꾸러미를 전달하기 위해 찾아온 그 천사가 문득 우리를 돌아보며 물었어

같이 가지 않을래? 같이 가지 않을래?

     내가 손을 잡고 있어서 날 수 없다고 했다. 나는 가끔 그 리본의 색이 헷갈리고, 그런 날이면 꼭 학교 꿈을 꾸곤 해   우리는 날고 있다

우리가 날고 있네
말하면 깨어버리는 그런 꿈이다

* 유한킴벌리 캠페인 슬로건.
** 소리엘, 〈낮은 자의 하나님〉(1999).

모더니티

놀이터는 과거의 언덕으로 만들어졌다
유년에 몸을 비비니 여름 시소 냄새가 났다

비린내를 덮어쓴 계절에는 냉장고 문을 열고
차갑게 식은 보리차가 든 유리병을 꺼내곤 했다

아직 마르지 않은 행주를
또다시 흠뻑 적시며

바닥에는 보리 찌꺼기가 잿가루처럼 가라앉았고
갑자기 끼어드는 어린이의 뜀박질

발코니 창을 열고

놀이터를 내려다보니

내가 또 그네 앞에 줄을 서 있다
구겨진 슬픔을 깔고 앉아
차례를 기다리면 새로운 흉터가 무릎을 간질였다

팔뚝과 허벅지를 긁고 십자가를 내리찍으며
다 자란 술래를 피해 등나무 뿌리 아래 얌전히

숨어 있었는데

방충망을 찢고 잔디와 잡초를 구분하지 못하는
마음이 무성히 자란다

다들 돌아갈 곳이
있다는 것은 여전히 모르고

동티
—불신자의 나라, 판정단 부재

선한 사람이 나에게 슬픔을 주었다
건네받은 마음이 햇볕에, 발길질에
눈사람처럼 무너진다 다정하고 차갑다

무릎을 살짝 들여다보았는데 오래도 말이 없다
무리해서 기쁨이 찾아올 때,
문을 열어주면 신은 필요 없는 신을 벗고

눈알과 목이 딱딱하게 굳는 미세먼지의 계절
세상이 생을 비밀로 하고 또 죽음을 공표하였을 때

운명은 예감한다
불면은 착한 얼굴을 할 줄 안다

또, 찬바람 부는구나
다시, 빈방에 노크하는구나

이미 가득차 있는데 선한 사람이 빠져 있다

닫히지 않는 서랍처럼 환희와 혼종인 날개가
부숭숭하게 책상에서 뛰어내린다 끊기지 않는
초견 같은 새벽

독촉한다. 지금
저 사람 슬프다

한눈에 알아보아서 나는 체감할 수 있다

더는 내가 없는 곳
환한 슬픔의 곁으로

나의 친구들이 날벌레처럼 우르르 몰려든다

모스와 바벨론

나는 나의 청지기로서 명령 없이도 복종한다

아주 오래전
집으로 가는 지름길에는 불법 도박 업소가 있었다

푸른 빛, 돈 없는 것들
자주 쉽게 흘렸다 저 나라로 이민을 가 가엾고 꼴사납게 굶어죽고 싶지만,
어린 나에게 그것만은 허용되지 않았다

이제 굶을 수도 없다 나에게는 먹고 마시고 싸고 잘 곳이 필요하다

겨울이라는 은사는 살해에 탁월한 능력이 있으나, 여름으로 가득한 세계에도 죽음이 존재한다는 사실을
 여유롭고 너그러운 마음을 가진 어른들은 알지 못했고 나는 그날 달란트 파티에서 실로폰을 사는 사치를 저질렀다

오늘은 절을 두 번 한다
시켜주지 않아 누구를 보고 고개를 숙여야 할지 알 수 없었다

이따금 거울을 보며 묻곤 했다 너를 언제까지 살려둘 것

인지

  누구일까, 실로폰 채 끝을 잘근 씹어놓은 것은

  선별된 순례자가 학교를 무사히 졸업했다
  어제는 또 학교에 갔다

  선택되지 못했으나, 그것은 내가 선택하지 않은 일이다

도형,
유령의 역사

내자동의 어느 위스키 바에서 노란 고양이를 만난 적이 있다

기호도 고집도 없는 나의 친구는 바텐더가 추천해준
시나몬 향이 나는 위스키 한 잔을 온더록스로 주문했다

나는 친구의 잔에 몰래 입을 댔고,
확실한 시나몬 향이었다

다각형의 영혼을 가진 나의 친구는 종종 그것의 형태가
원이라고 착각하곤 했다
그러니까, 친구는 음주를 즐기지만 토하는 데는 능숙하지 못했다
정확하게도 노란 고양이였다

음주를 고급 취미의 한 종류로 여기는 친구가
포트와인과 내추럴와인의 차이를 설명해주었으나,

내가 그 노란 고양이 시나몬
향이 나는 위스키를 내자동의 작은
바에서 뇌에서 식도로

다시 척추에서 오금으로 굴러가는 것이

구체라고 착각하고 있었을 때

내장과 뼈 구석구석이 기묘하게, 동시에 우쭐한 마음이 들 정도로
뜨겁게 짓쳐지고 있었다는 것을, 장기와 장기를 잇고
나누는 용감함이 구불구불한 흰 용모의 유령으로서 나의 앞에

등장했다는 것을

문득

서로의 늦여름 밤을 교환하려는 친구가 생긴다면
그 거래에는 더 미지근한 밤과 부드러운 융단 같은 새벽을 찢는
얼마간의 택시비, 소나타, 헤드라이트

불빛에 기대 눈을 가느스름하게 뜨는 시나몬 향 위스키 한 잔
노란 고양이

온더록스 같은 게 필요할는지도 몰랐다

나의 유령 어금니 모양

 앞집에 살던 사람이 나고, 한 달 반 만에 새 유령이 입주했다. 위층에 거주하는 임대인은 새로운 세입자가 마음에 드는 듯, 저 집에 살게 된 유령은 계약서를 쓸 때 보니 제법 멀쑥한 옷차림을 할 줄 알며 본관이며 고향이 섬이니—싹싹하고 서명과 잔금 처리도 재빨랐는데, 무엇보다! 층간 소음을 유발하지 않을 것 같아 믿음직스럽다고 했다. 아가씨랑 나이도 비슷해 보이고 굳이 인사해가며 가깝게 지내라는 건 아니지만,

 그냥 큰일 없이 둘 다 오래 살다 갔으면 해서 그러지. 아니나다를까,
 앞집은 고요하고 현관문 여닫는 소리조차 들리지 않는다.

 선생님, 미닫이 문틀 페인트를 덧칠하려면 날이 좀 풀려야 할 텐데, 그렇죠. 흰 페인트 칠한 데를 흰 페인트로 얼른 덮어버려야 하는데······

 미안, 오늘 조금 늦게 퇴근할 것 같으니 먼저 들어가 있어.
 그런데 친구에게 현관 비밀번호를 일러주어야 함을 깜빡 잊었고,

 그새 두 세기가 흘렀으니 내 친구는 어떻게 되었을까?

조용하게 살아가는 앞집 유령이 매주 월요일 정기적으로 배달받는 새벽 배송 택배 상자가 복도에 도착해 있을 테니, 테이프를 뜯어 잠시 숨어 있으라고 말해주었어야 했는데 내가 또 실수를   미안, 나를 실컷 미워하렴

 이제 지속 가감속 버튼 한 번으로 세상과 멀어지고 있습니다. 안녕!

 이 건물 세입자는 많지 않지만, 나와 유령, 임대인과 아랫집은 초파리에 꽤 관대하답니다. 비가 내릴 때도 공동 현관을 닫지 않는 것

 아무 우편함에 손을 집어넣으면 마른 과일 껍질, 캡슐을 터뜨리지 않은 담배꽁초, 다 쓴 라이터, 대출, 호스트바, 사다리차 마스터키, 찌라시, 민트, 캔디, 원하는 것이 있다면 드릴 수도 있는
 이런, 데리러 올 후손도 데리러 갈 미래도 없으므로 마른 몸을 벗어두고 소나기를 맞으러 나가기로 마음먹는다. 벌써 새 여름이 왔다고 임대인은 복숭아 한 바가지를 문고리에 냉큼 찔러버리니
 감사합니다. 복숭아가 보송보송하고 동그란 것이 꼭 내 애인을 닮았네요.

포인터

나는 언제나 뒷문을 닫고 나서는 어린애였어

좋은 말을 해주면 타버리던 난초의 끄트머리처럼

다정한 사람은 서로 알지도 못한 채
내게 너무 많은 물을 주곤 했지

좁은 복도 눈물 뚝뚝 흘려가며 걸으면
바닥과 가까워지는 기분, 나 그거 잘 알거든

투명하게 손에 잡히는 유리 막대 같은 미래를

내게 알려주지 않은 것까지

다 내다본 과거는 불쑥 찾아와 나를 가엾게 보네
재수없어
내가 슬퍼질수록 더 기뻐지는 사람이 있는 것만 같아

학교 복도 끝, 거울 옆 벽에 묻은 틴트
닦아낸 자국
손톱으로 긁으면서 문질러보면서

결국 모두 똑같아지는 분홍을 보면서

나는 가끔 나 몰래 내게 벌주기 위해 내려온 신처럼
그렇게

성, 모노레일과 케이블카

성채, 요새, 취미 목적의 것을
본 적이 없다

내가 자란 도시를 떠올릴 때 그 풍경은 어림잡아 십 년은 전 것이다 파손된 기억의 일부는
반추되다 부시에 의해 잿더미가 되었다

그럼에도 명확히 떠오르는 고유명사는 감삼, 별나라, 두류, 성당, 본리, 제일, 류민정온누리, 대명, 광장코아, 교동으로 갈무리되는데

앞산 케이블카는 대기의 흐름과 무관하게
불안정한 동세를 보였다
푯값을 지불하고 매끈하게 닳은 좌석에 두 명 몫의 체중을 얹어 가면서도
의심과 불신은 일기예보와 닮아 반은 진심이고 반은 허상이다

높은 곳에 오르면 영혼은 운에 몸을 지지하고 손으로 구부리거나 발로 차 부술 수 없는 단단한 철제도 신앙처럼 뿌리째 뽑힐 수 있었다

그러나 나는 이 도시에서 안전하게 십수 년 운반되어,

내가 현재 살아가는 도시, 혹은 내가 떠나온 도시,
내가 당도한 도시 마침내
내가 망명할 도시에 성장과 노화로 가늠할 수 있는 신체,
혹은 경험의 조각을

공원 구석에 뿌려진
발자국이 찍혀 짙은 회백색이 도는 뻥튀기, 호밀빵,
크루아상의 모양새로 버려둘 수 있었으며

이 생의 어떠한 궤적도 완벽한 직선일 리는 없었다

거주 공간

내가 원하는 과일은 참외가 아니다 노란 껍질과 하얀 과실, 얄팍한 씨, 다수,
슬픔에서 비롯되는 비린내, 깎는 형태, 벗겨내기

미안하지만 남은 생은 거절하고 싶다

미니 트럭이 지나간다

가속페달을 밟지 않은 채로 서행하고 있다
나는 그것을 걸어서 지나칠 수 있다 열어놓은 사무실 창문 너머

확성기로 들리는 소리인 줄 알았는데, 스피커로
엉성하게 녹음된 음성이 흘러나온다 우수수 참외가 익어간다

하지만 내가 원하는 과일은 참외가 아니다 곤두세우지 않아도 청각이 기능을 한다 손가락을 움직인다 나는 그것을 할 수 있다 그리고 그것을 할 수 있다는 슬픔.

선정릉

 탁월한 산책자는 이별에도 능숙하게 대처하리라는 편견이 있다 나에게는 더이상 만날 수 없게 된 친구가 몇 있고, 오래 걷는 일에는 소질이 없다 왕릉을 크게 한 바퀴 돌아본다 비를 경험해본 적 없는 듯한 날씨가 빛을 덩어리째 쏟아내고, 각자 가장 적합한 사물과 생물에 들러붙어 최적의 계절감을 보인다
 너무 눈부셔 희게 보이는 나무 곁을 지나치기도 한다

 무덤은 새로운 침략자와 능숙한 도굴꾼을 기다리고 있다 이 모든 마음을 훔칠 만큼 뛰어난 계획을 세워줄 전략가 역시

 포장된 길을 걸을 때, 오른편에는 나의 선생이 있다 우리는 냉이와 냉이 아닌 것, 봄동과 봄동 아닌 것을 구분하는 신비로운 방법론을 이야기한다 절기가 바뀌면 온갖 뚜껑이 열렸다
 나는 선생으로부터 연속되는 계절을 절단하고 등분하여 시기를 예언하는 법을 배우기도 했다

 곧 봄이 온다고 했다 무덤은 스스로 구르지 않았다 나는 누군가의 오른편에 설 때면 손에 쥔 마음을 자주 놓치곤 했다 오래 걷는 일에는 도무지 익숙해지지 않았다

음영

기뻐하던 시절

사람들의 얼굴을 볼 때면 같이 있다는 걸 알았다
텔레비전 너머 노래하는 가수가
조명에 얼룩진 눈으로 활짝 웃고 있을 때도

동시대의 기쁨

왜 따뜻함보다 차가움이 더 오래갈까
커피 담긴 잔을 만지며 생각하면

멀리 있는 사람을 오래 사랑하는 일도 이해됐다

돌아오지 않으리라는 걸 아는 일은 인정보다 믿음에 가까웠고

그럴 수 없다
복기를 반복하며,

우는 모습보다 웃는 모습을 더 잘 기억하고 싶어

기쁨이 있던 계절.

사람이 사람을 사랑하는 일에 의심이 없어
무더운 여름이 오래도록 이어졌던 날

밤이면 낮에 마신 커피 때문에 잠들지 못했지만,

해설

루프물의 리얼리티 혹은 유령의 유물론
김미정(문학평론가)

1. 헤어지기 위해 만나고, 죽기 위해 부활하는

　흐드러지게 만개한 벚꽃 앞에서 아이러니하게도 곧 스러질 장면이 먼저 떠오를 때가 있다. 초록빛으로 맹렬하게 울리는 매미 소리가 수일 내로 잦아들 것을 떠올리며 애잔할 때도 있고, 자욱한 안개가 자아내는 몽환적 풍경이 금세 사라질 것에 못내 아쉬울 때가 있다. 연인과의 충만한 순간에 이별을 상상하는 마음도 이와 다르지 않을 것이다. 예컨대 '덧없음' '애틋함' 같은 말들 주위를 어지러이 오갈 이 마음들은, 모든 필멸하는 것에 대한 연민 혹은 임박한 소멸에 대한 서두른 애도의 일종일 것이다. 어느 쪽이든, 저 마음들 모두 세상의 모든 찰나로부터 쉽게 등돌리지 못하는 마음 씀의 일종임은 틀리지 않을 것이다. 권누리의 두번째 시집 『오늘부터 영원히 생일』에서 우선 눈에 띄는 것이 바로 이런 것이었다. 이 시집에는 시작하는 자리, 혹은 어떤 과정의 한복판에서 '끝'을 내다보는 시선이 있다. 시집을 여는 첫번째 시 「비기너」에서부터 이러한 세계는 이미 강렬하게 예고되고 있다.

　　죽지 마
　　명령하면 안 되니

　　어제는 피아노를 샀어

가끔 치려고

명랑하게

창문 너머 비행기가
밥그릇은 언제나 비어 있고

천장에
달라붙은 열기가 깔깔 웃으면

이 이상 살기 위해 무엇을 해야 할까?

구르기 위한
언덕을 갖고 싶어
처박힐 우물도

자랑 없이
칭찬도 없이

청소기 헤드로 빨려들어가는

정오

함께 있을까

조금만
더 울어보고
—「비기너」 전문

　새로운 출발을 떠올리게 하는 제목과 달리 이 시는 새로움의 들뜸보다 '이미 소진된 시작'을 보여준다. 시작하는 설렘이나 결기 등에 대한 기대는 도입부의 "죽지 마"라는 강력한 외마디소리에 의해 중지된다. 출발 지점에서부터 이 시는 '죽음'을 전제하고 있다. 게다가 이 말은 화자나 누군가가 실제로 발화한 말도 아니다. 화자는 그 말을 간청하고 있다. 그렇기에 죽지 않게 해달라는 주문(spell)처럼 보이기도 한다. 화자는 외부적 개입에 의해서라도 죽음을 미루거나 피할 자기 동력을 얻고 싶다. 세상이 활력을 과잉되게 뿜어낼수록, 그는 "이 이상 살기 위해 무엇을 해야 할까"라고 되묻고, 굴러떨어지거나 처박히는 상상으로나마 겨우 몸의 감각에 접속한다. 누군가가 건네는 "함께 있을까"라는 말 앞에서 "조금만/ 더 울어보고"라며 아직은 자기 몸과 감각의 일(울음)에 더 골몰하고 싶어한다.
　이 시집에는 "잠을 자려고 부활"(「광선과 율동」)한다고 말하거나, 미래를 약속하는 순간 이별을 상상(「환멸과 혼상(魂箱)—희에게」)하는 화자가 있다. "눈을 뜨자마자 너희를 사랑한다"고 말하면서 "또 검은 옷을 챙겨 입"(「광 선로」)는 이도 있다. 이때 "또"라는 부사가 암시하듯 헤어지기 위해 만나거나, 다시 태어나기 위해 죽는 일이 이들에게 처음은 아닌 듯하다. 하지만 시작과 끝을 동시에 떠올리는 것을 단순한 허무주의로 단정할 수는 없다. 그것은 상실이나 이별을 반복해 겪어온 이의 자연스러운 습(習)에 가까울 것이기 때문이다. 이러한 시작과 끝이 공존하는 시선과 그 정서를 「환멸과 혼상(魂箱)—희에게」를 통해 읽어본다.

내가 거기에 없다고 해서 내가 거기에 없었던 것은 아니다 나와 희는 함께 바다에 간 일이 없지만, 희와 내가 물에 대한 감상을 공유하고 있음은 허상일 리 없다

(……)

침묵과도 같은 슬픔이 언 천 위에 마른 이파리로 겹겹이 동결되어 있었다 슬픔은 우리가 천변을 걷기 전부터 그곳에 누워 있었으나, 꼭 선물처럼 가지런히 마련되었고
우리는 성탄 전야의 어린이처럼 가만히 잠자리로 돌아가 다음 아침을 기다리는 기쁨과 불안을
손에 쥐고 길을 걸었다

(……)

집으로 돌아가는 방법을 골몰하는 걸 희에게 들키지 않
기 위해 걸음을 늦출 때
희는 겨울의 속도를 따라잡듯 올봄 계획을 이야기했고,
우리는 다가올 여름에는 바다가 보이는 곳으로 등산을
가자는 다짐을 나누었다 여름이 오리라는 믿음은 애니메
이션 오프닝처럼 반드시 끝이 있으리라는 불길함을 동반
하였으며
나는 그 예감을 희 또한 느꼈을 거로 짐작했다
—「환멸과 혼상(魂箱)—희에게」 부분

지금 두 사람은 어느 겨울 오후의 천변을 산책중이다. 하지만 둘이 함께 있는 것만으로도 충만했을 세계에 지금 금이 가고 있다. 이들은 다가올 계절들을 약속하고 있지만, 화자는 "끝"과 "불길함"을 생각하고 있다. 그러한 예감은 "들키지 않"아야 할 것으로 함구되고 있고, "침묵과도 같은 슬픔"으로 얼어붙은 천도 이들의 미래를 예고하는 정서적 상관물이다. 특정한 사건이나 플롯보다 감각적인 시어의 질감을 따라 전개되는 권누리의 다른 시에 비할 때, 이 시는 꽤 드물게 구체적인 내러티브를 경유하는 편이다. 그렇기에 이것은 한 편의 이별 시로 읽기에도 부족함이 없다.

그런데 심상치 않은 것은, 시의 도입부 "내가 거기에 없다고 해서 내가 거기에 없었던 것은 아니다 나와 희는 함께 바다에 간 일이 없지만, 희와 내가 물에 대한 감상을 공유하고 있음은 허상일 리 없다"라는 구절이다. 얼핏 이것은 기억의 어긋남, 혹은 관계의 삐걱거림에 대한 진술인 것 같다. 하지만 첫 구절을 다시 풀어서 적어보면 이렇다. '내가 지금 거기에 없다고 해서 과거에도 거기에 없었던 것은 아니다. 우리는 함께 바다에 간 적 없지만, 같은 바다의 기억을 갖고 있다.' 명백히 모순율에 위배되는 이 진술은 단순한 기억착오나 관계의 어긋남을 의미하지 않는 것 같다. "우리는 열다섯 살에 이미 서로의 미래를 보고 왔다"(「아키비스트」)라고 말하는 화자처럼 이 시집 곳곳에 잠복해 있는 이들을 떠올려볼 때 더욱 그러하다. 그들은 죽음과 부활을 반복하고, 오랜 세월을 살아가고 있다.

즉 권누리의 시에서 예외적으로 리얼리티를 꽤 담보하고 있다고 여겨지는 이 시에서도 그 리얼리티는 통상적인 그것과 다르다. 이들이 다른 시의 화자들처럼 실제로 죽음과 부활을 반복하며 여러 차원의 생을 살아가고 있다고 가정해보자. 화자와 희는 어떤 회차에서는 바다에 함께 간 적이 없지만, 또다른 회차에서는 그 기억을 공유하고 있었을 수 있다. 그들이 이전 회차에서 경험한 이별은 지금 회차의 예감을 만들어낸다. 그러므로 서로 다른 시간의 층위를 포개었을 때, 이 시의 부재와 존재, 경험과 비경험은 동시에 성립 가능하다. 저 진술은 선형적(linear) 시간을 따르지 않는다. 서로 다른 삶의 반복들이 포개진 지점에서 발화된 것이라고 볼 수 있다. 마찬가지로 이 시의 리얼리티는 다른 차원의 생들의 리얼리티가 겹치고 서로 스미면서 발생한 것에 가깝다. 그런 의미에서 이 산책은 단지 이별을 예감하고 슬퍼하는 행위를 넘어서서, 현재 회차의 생에서는 함께한 적 없는 추억을 미리 상실하는 동안 이별을 예행연습 하는 의례에 가까워 보인다.

요컨대 이 화자들은 얼핏 관계의 한복판에서 곧 다가올 끝을 예감하고 슬퍼하는 듯 보인다. 하지만 그들은 각기 이미 그 끝을 겪어보았기에 알고 있다. 이들은 모두 이미 여러 번 죽었고, 다시 여러 번 태어났다. 그리고 어쨌든 지금을 다시 살고 있다. "결국 모두 죽게 될 것이다"(「겁」)라는 선언과, "영원히, 또 영원히 살아간다.// 아름답다"(「우중 궤적」)라는 진술이 이 시집 안에 공존한다. 이 세계에서 죽음은 끝(완결)이 아니라, 역설적이게도 영원히 사는 일의 조건이 된다. 여기에서 핵심은 반복이다. "잠을 자려고 부활했"(「광선과 율동」)다는, 죽기 위해 다시 태어난다는 역설이 이 시집을 관통하고 있다. 강조컨대 여기에서 종말은 모든 것을 끝내는 파국이라기보다 불멸과 영원의 조건인 셈이다.

시인 권누리가 빼어난 아포칼립스 소설들의 작가인 것도 잠시 떠올려본다. 어느 폭설의 밤에 갑자기 빛이 사라지고 완전한 암흑으로 변해버린 세계, 그리고 동면과 부활이 반복되며 죽음이라는 개념이 사라진 세계*는 『오늘부터 영원히 생일』의 일종의 프리퀄이다. 권누리식 종말은 스펙터클하지 않다. 끝, 죽음, 소멸, 파국 같은 아포칼립스는 이미 이곳에 도래해 있고, 우리는 어떤 순환과 반복 속에 영원히 거할 것이라는 세계관이 이번 시집의 유력한 전거로 놓여 있다. 요컨대 끝, 죽음, 종말 등은 이 시집의 목적지나 핵심이 아니라 그저 배경이자 전제다. 이 시집에는 도달해야 할 최종 목적지가 존재하지 않는다. 각각의 문턱들만이 존재할 뿐이다. 이것이 권누리 시가 그려내는 종말 이후의 세계와 삶이다. 일회적이고 최종적인 것이 아니라 이미 이곳에 도래해 있고 내내 반복되는 그러한 '종말 이후' 말이다.

2. 죽음-부활의 무한 루프

죽음과 부활이 반복되는 이 시들의 시간 감각은 루프물(time loop)의 그것을 닮아 있다. "이 루프물 이제 알 것도 같다"(「기제」)라는 화자의 말 때문만은 아니다. 예컨대 첫 번째 시집에서도 그러했지만, 이 시집에도 '오래된 섬광' '동티'와 같은 동일한 제목의 이질적 시들이 여러 편 수록된 것은 생애 매 회차마다의 감각들을 포개는 일종의 시간 실

---

* 전자는 소설 「하지와 눈보라는 어디로」(권누리 외, 『레인보우 다이빙』, 아미가, 2020), 후자는 소설 「테테를 위하여」(『자음과모음』 2020년 여름호)의 이야기다.

험으로도 읽힌다. 시인은 비슷한 구조의 세계를 반복하더라도 동일한 순간을 다시 사는 일은 결코 가능하지 않다는 것을 보여준다. 언어로 가둘 수 없는 차이 나는 반복들, 그리고 그에 대한 감정의 진폭이 시의 형식으로 기록되고 있다.

또한 앞서 말했듯 시집 속 많은 화자가 다시 태어나고 자주 거처를 옮기며, 그때마다 다른 생을 산다. "태어난 곳을 떠나온 사람의 마음"(「종로」)이나, "두고 온 것과 버리고 온 것"이 "아무래도 같지 않"(「유리 껍질」)음을 감각하는 이들이 있다. 그들의 이동 혹은 이주는 물리적인 구체성을 지닌다기보다, 일종의 "차원"(「내가 살아 있었다는 것을 너는 기억하겠지」) 이동에 상응한다. 이렇듯 죽음-부활이 반복되는 세계는 일종의 불멸, 영원이라는 말에 값할 것이다. 이는 한번 클리어한 맵을 다시 플레이하는 게임의 반복, 혹은 진짜보다 더 진짜 같은 복제만 증식하는 시뮬라크르의 질감과도 비슷하다. 배경과 동선은 익숙하지만 그때마다 세부적 요소가 조금씩 달라지는 그런 세계 말이다.

그렇다면 앞선 시 「비기너」에서 엿본 소진감은 바로 이러한 반복되는 죽음-부활이 한몸에 누적된 시간과 관련될 수도 있겠다. 게임 혹은 루프물 속 주인공을 잠시 떠올려보자. 그들은 무언가를 수행하려 애쓴다. 하지만 자기를 초월하는 어떤 힘에 의해 자꾸 특정 자리로 돌아오고, 그 돌아온 지점에서 다시 시작한다. 이미 누적된 익숙함에 지리해지지만 그것을 살아내며 다음 단계로 이동해야 한다. 그들이 반복하는 생의 익숙함은 이전 생과의 동일함을 의미하는 것은 아니다. 그들은 새롭게 깨어난 세계에선 실패하지 않기 위해 이전과 다른 방식으로 최선을 다해본다. 그러나 그것은 미리 세팅된 세계와 결정된 규칙 속에서의 안간힘이다. 알고리즘이라는 새로운 신의 관할 속에서는 우연성마저 정교하게 결정되고 예정되어 있다. 즉 이들 삶의 주인은 근본적으로 스스로가 아니라는 말이다.

물론 이런 루프물 속 주인공의 무력감만이 권누리 시의 화자들에게서 두드러지는 것은 아니다. "그 모든 것을 보며 천년을 죽지 않고 살아 있다"(「크리스털글라스」)라거나 "사람으로 살아온 세월이 너무 길게 느껴진다"(「여름과 공멸」)라는 말들은 그저 담담하다. 대부분의 화자는 죽기 위해 부활하며 영속하는 이 세계의 규칙을 자연화하고 있다. 불멸, 곧 죽음-부활의 반복은 일찌감치 이들 세계에서 부정이나 질문의 대상이 아닌 지 오래다. 화자들은 아름다운 시뮬라크르의 아이들이다. 그들은 여기에서 오히려 "죽음과 숨바꼭질"(「르상티망 키즈」)하고 가뿐하게 "셔터를 누르"며 "새로운 생"(「광선과 율동」)을 맞는다. 그들은 이미 세팅된 세계 안에서 빈번하게 '놀이'하는 듯 살아간다.

삶이라는 말의 무게에 비할 때 '놀이'란 어딘지 가볍고 믿음직하지 못하다. 게다가 놀이에는 늘 규칙이 전제된다. 우연이 직조해내는 패턴을 삶이라고 생각할 때, 놀이의 규칙성은 앞서 말한 알고리즘적 세계를 내면화한 것으로 여겨지기도 한다. 그런데 의외의 진실이지만, 놀이의 즐거움은 무한한 자유로부터 오지 않는다. 놀이를 놀이답게 만들어주는 즐거움이란, 정교한 규칙과 예측 가능한 수의 조합을 어떻게 운용하느냐에 따라 발생한다. '호모 루덴스' 같은 말을 떠올리지 않더라도, 아이러니하게도 놀이란 인간이 삶을 그저 수동적으로 감내하며 살아내는 쪽에 있지 않다. 오히려 주어진 장(field)과 규칙이라는 '제약'을 운용하여 능동적으로 '살아가는' 쪽이 놀이의 함의에 가깝다. 시집 속 죽음-부활을 통해 가능해진 불멸은, 분명 '놀이'의 원리를 체화하고 있다. 그리고 이러한 놀이-삶은 운명과 대결하고 투쟁함으로써 스스로가 인간임을 확인할 수 있다고 말해온 오랜 역사철학의 메시지를 위배한다.

그리고 지금 권누리의 시는 이러한 '인간 이후' 세계의 새로운 역사철학을 써나가고 있는 듯 보인다. 물론 앞서 「비기너」를 비롯한 몇몇 시에서 감지되듯, 스스로가 목적론적 시간의 세계에서 모종의 투쟁과 쟁취를 통해 스스로를 주체로 자임하던 인간이 더이상 아니라는 사실에 대한 비애가 말끔히 지워진 것은 아니다. 그렇기에 그들도 때로는 피로하고 슬프다. 하지만 이 시집의 정조는 그러한 비애에 머물지 않으려는 능동적 명랑성 쪽에 조금 더 기울어 있는 듯하다. 거기에서 아이들은 때로 어떤 사명감을 확인하기도 한다. 이미 종말한 세계지만 그것이 완벽한 끝이 아니라 계속 다른 '차원'으로 이동하며 반복-차이를 거듭하고, 그러한 세계 속의 삶이 이 아이들의 놀이의 근본 전제다. 이러한 세계에서 변한 것은 '인간'의 의미만이 아니다. 다음 「파라텍스트」의 일부를 통해 이것을 좀더 생각해보자.

내가 물려받은 거실 진열장 안에는 신의 피규어가 있다 그것의 출처를 아는 사람은 본 적이 없는데, 나의 양육자, 양육자의 양육자도 그저

저것은 신의 모조구나

생각한 뒤 다시는 떠올리지도 꺼내보지도, 찾거나 들여다보지도 않았다고 했다

(......)

드디어 진열장을 열 수 있게 된 나는 신의 피규어가 응당 혼탁한 유리로 만들어진 줄 알았는데 아주 무거울 걸 고대하며 두 손으로 꺼내 받친 그것이
무릇 신이 그러하듯
아름답고 영원한 플라스틱으로 만들어짐은 전혀 예상하지 못한 기쁨이었다

폴리프로필렌으로 만들어진 신은 썩지 않는 불멸의 존재

깨지 않는 불면의 존재

이렇게 충만한 환희가 내게 오다니, 홀쭉한 콩깍지 같은
고장을 지키겠다고 나서길 잘했다
—「파라텍스트」부분

이 시의 세계는 수직적이고 혈연적인 계승이 아니라 수평적인 이동에 의해 작동하고 있다. 부모는 "양육자"로, 고향은 "고장"으로 대체되어 있다. 화자는 폴리프로필렌으로 만들어진 '신의 피규어'를 물려받는다. 플라스틱의 영속성이 저 피규어를 신으로 인증해주는 아이러니가 이 시에 있다. 신은 다시 "썩지 않는 불멸의 존재/ 깨지 않는 불면의 존재"로 명명된다. 하지만 플라스틱과 신성은 지금 호환 가능한 것으로 놓여 있고, 신 자체가 아니라 '신의 피규어'라는 모조물이 파라텍스트로 등장하고 있다. 신성이나 초월이 아니라, 재료의 물질성이 신의 기표를 유지시키는 이 세계는, 이 시인이 갖는 세대감각 혹은 시대감각을 형상화하는 듯하다.

시집의 전반에서 그러하듯 이 시에서도 신, 믿음 같은 큰 주제가 소환되고 있지만, 그것은 더이상 무겁지 않다. 신은 전지전능하거나 무소불위의 존재, 경외의 대상이 아니다. 신은 믿음이라기보다는 소유의 대상 혹은 장식품이 되었을 뿐이다. 신, 초월성, 믿음 등으로부터 이토록 가뿐하게 이륙하는 시의 감각은, 지금 우리의 세계가 이미 종말 이후의 한

회차일 수 있음을 다시금 생각하게 한다. 신은 그저 집안 어딘가에 오래된 가구와 함께 놓여 있는 물건이고, 이제야 비로소 '나'가 다룰 수 있는 것이 되었다. 시의 마지막에서 화자는 신의 레플리카를 가볍게 품은 채, 시원한 거실 바닥에 누워 있다. 마치 어떤 커다란 구원이나 희망의 서사가 사라진 세계에서, 남겨진 모조(복제)들과 어떻게 함께 살아가야 할지의 태도나 마음가짐을 떠올리게 한다.

예컨대 화자는 가볍고 영원한 플라스틱 신을 머리 위에 얹으며 "이제 완전히 나의 몫이 되신 신"이라고 말한다. 무게 혹은 중력으로부터 자유로워진 이의 감각이 엿보인다. 가짜, 모조, 복제 들로 대체된 세계이지만 그것을 곧 자기에게 견인하여 생의 동력을 자기 안에서 만들고자 하는 진술처럼 들린다. 또한 신은 더이상 실질적인 구원도 위압도 주지 못하는 존재이지만, 화자는 그 사실 앞에서 오히려 "기쁨" "충만한 환희" 같은 말로 반응한다. 또다른 시의 화자는 "가짜" "모조 같은 이 마음이 이토록 소중하다니"(「르상티망 키즈」)라고 경탄하기도 했다. 이 말들이 어떤 결정적 반어를 품고 있는 것 같지는 않다. 이들은 이러한 신적인 것들의 몰락을 기꺼워하는 것도 통탄해하는 것도 아니고, 그저 담담하게 상황을 진술하는 중이다. 그렇기에 이들의 기쁨, 환희, 소중하다는 깨우침 들은 그렇게 여겨야 한다는 일종의 '마음가짐'이나 '태도'로 읽히는 것이다. 세계를 지탱하던 무거운 중심이 사라진 빈 곳을 어떻게 마주하고 어떻게 그것을 자기 삶의 장소로 수행해야 할지 고민해온 흔적이 엿보이는 것이다.

「파라텍스트」의 화자는 세계의 무게중심이 변해버린 사실에 슬퍼하거나 저항하지 않는다. 맹목적으로 예찬하는 것도 아니다. 이는 루프물 속 죽음-부활의 반복이 새로운 '불멸'의 의미를 획득하게 된 상황을 추수하는 화자의 태도와도 유사하다. 또는 개체를 초과하는 힘을 수긍하는 세대의 세계관이자 생존법 같기도 하다. 신의 레플리카를 끌어안고 이번 생의 몫을 다하고자 하는 아이들은 이를테면 권누리 판본의 포스트 아포칼립스의 주인공들이다. 죽음-부활의 무한 루프가 불멸의 다른 말이라면 권누리 시 속 아이들은 모두 신이 된 셈이기도 하다. 불멸은 신이라고 일컬어지던 존재가 독점해온 특권이었으므로.

이런 의미에서 권누리 시 속의 아이들, 신, 유령은 모두 조금씩 중첩되고 어딘지 닮아 있다. 삶과 죽음이라는 이분법, 그리고 종말이 곧 완결이라는 목적론적 세계의 규칙은, 이들의 세계에서 반박되고 있거나 혹은 지워져 있다. 한없이 가벼워진 이전 세계의 유산들은 지금 또다른 세계(놀이)의 규칙이나 동력으로 재가동되고 있다. 절대적 토대가 붕괴된 세계의 이 평평한 존재론(flat ontology)은 이 세계의 전제다. 권누리의 첫 시집 『한여름 손잡기』에서부터 『오늘부터 영원히 생일』에 내내 등장한 '유령'도 이런 맥락에서 읽을 수 있을 것이다.

3. 몸-찰나-감각 혹은 유령의 유물론

 통상적 의미에서 유령은 이미 죽었으나 여전히 이승에 머무는 존재다. 그들은 공포의 대상이거나 심리적 투사의 대상으로 여겨지곤 했다. 하지만 권누리 시에서의 그들은 하나의 표상으로 환원될 수 없는 다양하고 물질적인 '존재'의 양태다. 예컨대 「동티―패, 호스트는 없음」의 "귀신은 실체보다 신체에 가깝다/ 시체보다도"라는 말은, 이 유령 혹은 귀신들의 존재론을 명료하게 선언한다. 그들은 '실체'나 '시체'가 아니라 '신체'로 간주되고 있다. "편지도 전화도/ 선물도 이름도 없이// 몸만 남은 채"라는 대목에서처럼 몸은 기호 이전에 존재한다. 혹은 이 몸은 기호로 환원되지 않는 정동적 물질-존재의 다른 말이기도 하다. "나에게는 할당된 묘비가 없다"라는 화자의 말은, 단지 묘비 없는 익명적 자기에 대한 연민을 담고 있지 않다. 이것은 기표적 체계에서 밀려났을 뿐, 감각의 장에서는 완전히 사라지지 않는 몸에 대한 진술에 가깝다.
 즉 시인은 줄곧 유령에게 일종의 육체를 부여하고자 애쓴다. 이것은 시인의 시쓰기 방법과도 직접 관련될 터이다. 예를 들어 시집 전반에서 신, 유령, 사랑, 죽음 같은 관념적 시어가 빈번하게 구사됨에도 불구하고 그것은 플라스틱, 실링팬, 팬케이크 반죽, 다친 무릎, 레플리카, 위스키, 바텐더 등과 같이 일상적이고 더없이 물질적인 어휘들을 매개로 구사되고 있다. 통상 유령은 인지되지 않기에 존재하지 않는다고 여겨지지만, 이 시들 속 유령은 인지될 수 없어도 분명 감각될 수 있다. 화자의 말처럼 유령은 신체로서 존재하는 것이다.

    내장과 뼈 구석구석이 기묘하게, 동시에 우쭐한 마음이 들 정도로
    뜨겁게 짓쳐지고 있었다는 것을, 장기와 장기를 잇고
    나누는 용감함이 구불구불한 흰 용모의 유령으로서 나의 앞에

    등장했다는 것을
                             —「도형, 유령의 역사」 부분

    깊은 밤 어느 바에서 취기가 전신을 휘감는 묘사가 썩 관능적인 시다. 지금 이 화자는 구체적인 미각, 후각, 촉각 등 몸을 매개로 한 살(flesh)의 감각, 명백한 신체의 감각으로 유령의 존재론을 쓰고 있다. 이러한 유령은 시집 전체에서 루프물적인 시간관과도 맞물려, 서로 다른 시간과 세계를 겹치게 하는 경유지의 기능을 하기도 한다. 그들은 한 번의 삶에서 끝나지 않는 관계나 감정들을 다른 회차의 삶에서 변주하며 소환한다. 앞서 언급했듯, 이 시집의 시간관은 비선형적이다. 그것은 일종의 '얽힘(entanglement)'의 이미

지를 갖고 있다. 내내 이 시집에서 엿본 죽음-부활의 반복은, 이 세계가 단일하고 목적론적인 시간관을 따르지 않는다는 점을 역설한다. 그 안의 존재들 역시 마찬가지다. 이때, 현실 너머 혹은 바깥에 있다고 간주되는 유령이야말로 이러한 비선형적이고 얽혀 있는 시간의 여러 차원을 오가는 존재다. 즉 과거와 미래 혹은 현실과 비현실 등이 더이상 이항 대립적으로 구성되어 있지 않다는 사실을 적극적으로 증거하는 존재가 이 시집 속 유령들인 셈이다.

권누리 시의 유령은 최근 한국문학에서 다시 출몰한 유령과도 비슷한 점이 많다. 그들도 대개 현실과 비현실(환상), 산 자와 죽은 자 식의 대립 구도 속 존재가 아니다. 이 유령들은 그 명확하다고 여겨져온 오래된 이항 대립의 틀을 교란시키거나, 그 틀이 결코 명료하게 구획될 수 없음을 오히려 증거한다. 요컨대 그들은 이미 현실을 구성하는 존재이고, 인간의 감각적 제약을 오히려 증거하는 존재에 가깝다. 시인 역시 어느 인터뷰에서 "세계에는 유령과 비슷하게 받아들여지는 사람들이나 존재가 분명히"* 있다는 의미심장한 말을 전했다. 이 말이 시사하는 바는 꽤 크다고 생각하는데 예컨대 시인의 말처럼, 이른바 현실이라고 간주되는 이 세계에는 '살아 있어 그 몫의 권리를 누릴 수 있는 인간'

---

* 권누리·유승현 인터뷰, 「기상현상은 막을 수 없으니 손차양 대신 '우리'는 손을 잡을래요」, 『현대시』 2022년 5월호, 265~266쪽.

으로 간주되지 못하는 법적, 제도적, 존재론적 유령이 얼마나 많은가. 그리고 이 세계는 그들이 보이지 않는다는 이유에서 없는 존재로 간주하며 기만적으로 작동해왔다. 즉 시인이 말한 유령은 다소 정치철학적 함의를 지니는 비유인 셈이지만, 궁극적으로는 인간이라고 자임해온 이들이 이 세계를 인지할 권리를 독점해온 것에 대해 질문하는 강력한 고유명이기도 하다.

이런 유령에 '신체'를 부여하고자 하는 시인의 마음을 「나의 유령 어금니 모양」을 통해 조금 살펴본다.

앞집에 살던 사람이 나고, 한 달 반 만에 새 유령이 입주했다. 위층에 거주하는 임대인은 새로운 세입자가 마음에 드는 듯, 저 집에 살게 된 유령은 계약서를 쓸 때 보니 제법 멀쑥한 옷차림을 할 줄 알며 본관이며 고향이 섬이니—싹싹하고 서명과 잔금 처리도 재빨랐는데, 무엇보다! 층간 소음을 유발하지 않을 것 같아 믿음직스럽다고 했다.

(……)

이 건물 세입자는 많지 않지만, 나와 유령, 임대인과 아랫집은 초파리에 꽤 관대하답니다. 비가 내릴 때도 공동현관을 닫지 않는 것

아무 우편함에 손을 집어넣으면 마른 과일 껍질, 캡슐
을 터뜨리지 않은 담배꽁초, 다 쓴 라이터, 대출, 호스트
바, 사다리차 마스터키, 찌라시, 민트, 캔디, 원하는 것이
있다면 드릴 수도 있는

 이런, 데리러 올 후손도 데리러 갈 미래도 없으므로 마
른 몸을 벗어두고 소나기를 맞으러 나가기로 마음먹는다.
벌써 새 여름이 왔다고 임대인은 복숭아 한 바가지를 문
고리에 냉큼 찔러버리니

 감사합니다. 복숭아가 보송보송하고 동그란 것이 꼭 내
애인을 닮았네요.

—「나의 유령 어금니 모양」 부분

 '나'의 앞집에 새로운 세입자가 들어왔다. 층간 소음을 내
지 않는 새로운 세입자는 '유령'으로 지칭되고 있지만, 점차
화자와 유령, 그리고 주변 인물 들이 구분되지 않고 뒤섞인
다. 구체적인 생활공간이 묘사되면서 유령은 비현실적 존재
가 아니라, 같은 공간을 부대끼고 있는 존재로 감각된다. 공
동 현관과 우편함, 과일과 같은 생활의 사소한 장면들이 유
령의 삶의 일부가 된다. 혹은 반대로 이러한 일상의 삶에 유
령은 늘 깃들어 있다. 실제로 화자와 유령의 경계도 점점 모
호해진다. "나와 유령, 임대인과 아랫집은 초파리에 꽤 관
대하답니다"처럼 이들은 하나의 공동체로 묶이고, 시의 후

반부로 갈수록 유령의 행위와 화자의 행위는 서로 불분명해진다. "마른 몸을 벗어두고 소나기를 맞으러 나가기로 마음먹는" 대목은, 명백히 신체를 감각하는 존재로 살아 있는 혹은 살고 싶은 유령의 발화로 읽히기도 한다.

여기에서도 복숭아의 보송함, 비를 맞는 감각, 사물의 질감 같은 구체적인 촉각과 미각이 곧 유령의 살성을 구성한다. 권누리의 시는 유령을 추상적 기호로만 사변하지 않는다. 유령을 더없이 구체적이며 감각적으로 연결시키는 데 이 시인은 탁월하다. 유령은 죽은 자와 산 자를 나누는 경계를 희미하게 만들고, 감각과 물질을 매개로 현실의 의미를 다시 구성한다. 결국 유령은 이 시집에서 '바깥'의 존재라기보다, 이미 여기의 일상을 함께 부대끼고 있는 나-우리의 모든 형상에 가깝다.

이때 "새 여름이 왔다"라는 소식과 문고리에 걸린 "복숭아"의 장면은 시상이 분명히 전환되는 지점이다. 앞부분까지는 비교적 실내 중심의 묘사, 건물 세입자들의 관계, 유령과 화자의 생활, 그리고 시간의 비약("두 세기"와 "지속 가감속 버튼") 등 다소 연결 관계가 흐릿한 진술이 이어진다. 그런데 "벌써 새 여름이 왔다"라는 문장은 계절의 변화 및 시상의 전환을 명료하고 속도감 있게 선언한다. 이때 "새 여름"의 소식은 어느덧 이 시집의 세계가 끝나간다는 암시로도 읽힌다. 이 화자들은 또 한번, 다른 차원으로의 이동을 준비하고 있는 것 같다. 이 시집의 마지막에 수록된 「음영」

을 "새 여름"의 소식에 이어서 읽어본다.

기뻐하던 시절

사람들의 얼굴을 볼 때면 같이 있다는 걸 알았다
텔레비전 너머 노래하는 가수가
조명에 얼룩진 눈으로 활짝 웃고 있을 때도

동시대의 기쁨

왜 따뜻함보다 차가움이 더 오래갈까
커피 담긴 잔을 만지며 생각하면

멀리 있는 사람을 오래 사랑하는 일도 이해됐다

돌아오지 않으리라는 걸 아는 일은 인정보다 믿음에 가까웠고

그럴 수 없다
복기를 반복하며,

우는 모습보다 웃는 모습을 더 잘 기억하고 싶어

기쁨이 있던 계절.

사람이 사람을 사랑하는 일에 의심이 없어
무더운 여름이 오래도록 이어졌던 날

밤이면 낮에 마신 커피 때문에 잠들지 못했지만,
―「음영」전문

『오늘부터 영원히 생일』을 여는 시 「비기너」의 화자는 이를테면 이전 차원의 세계에서 막 이곳에 당도한 이였다. 지난 회차의 생의 시간을 고스란히 떠안은 새로운 몸으로 이곳에서 다시 시작할 즈음이었을 것이다. 그런데 이 마지막 시 「음영」의 화자는 "다시 태어나기"(「전환과 의례」)라는 주제를 새롭게 이어받아 다음을 예고한다. 이 화자는 지난 시절을 돌아보며 그때의 기쁨과 그 여운을 세밀하게 복기하고 있다. 사람들과 함께 있었다는 감각, 화면 속 가수의 웃음까지도 공유했던 '동시대의 기쁨'을 떠올린다. 멀리 있는 사람을 오래 사랑하는 일, 돌아오지 않음을 아는 일을 품는 마음이 이 시에 있다. 그 시절의 빛과 그림자 모두 '음영'이라는 제목에 압축되어 있지만, 화자는 우는 모습보다 웃는 모습을 더 오래 붙잡고자 한다. 몸을 버려두고 곧 떠날 이가 떠올리는 벅찬 기억들은 처연하게 아름답다. "우는 모습보다 웃는 모습을 더 잘 기억하고 싶"다는 작별인사에 마음이 뭉근해진다.
 이 시집이 자주 기억과 기록에 대해 이야기하던 것(「아키비스트」「금속 레코더」「유리 리코더―다른 방향에서 볼 때 더 빛나는」 등)도 떠올려본다. 또한 생생한 감각들의 포착과 묘사를 통해 기어이 버석거리는 세계를 들썩이게 하던 경이로운 장면들(「만타(萬朶)」「숲 빛 촉」「살림과 실체」「동티―패, 호스트는 없음」「여름 유령 상처 장미」「도형, 유령의 역사」 등)도 떠올려본다. 영겁의 생 속에서 가장 확실하게 끝까지 붙잡을 수 있는 것은 결국, 그때마다의 몸으로 생생하게 감각하는 찰나들일지 모른다. 그리고 그 찰나들이『오늘부터 영원히 생일』속 불멸을 성립시킨다. 이 시집의 화자들이 말해온 '모조들의 아름다움'과 '영원의 아름다움'이라는 두 상반된 명제는 이렇게 기어이 만난다.

*

 권누리의『오늘부터 영원히 생일』은 영겁의 시간, 불멸의 생을 지치지 말고 살아야 하는 운명 속에서의 아이러니한 고투로 가득차 있다. 망해버린 이전 세계에서의 업보는 반복과 변주의 형태로 현재를 잠식하고 있다. 화자들은 끝없이 죽음과 부활을 오간다. 그러나 그 순환은 단순한 반복이나 재현이 아니라, 매 회차마다 조금씩 다른 감각과 관계를 새겨넣는 과정이기도 하다. 권누리의 시세계에서 생을 산다는 것은, 끝나지 않는 시간 속에서도 여전히 변화를 감각하고 증언하는 일과 닿아 있다. 과거 시인은 "누군가 최선을 다한다고 해도 개인이 설정하거나 설계할 수 없는, 혹은 어려운 세계가 최선을 다해 최악을 향해 갈 수 있다고 생각합니다. 우리가 할 수 있는 건 꾸준히 나아가는 것, 함께 모여 따뜻한 차를 마시는 것이 아닐까 싶어요."*라고 말한 일이 있다.

우리 스스로의 업보로 인해 세계는 이미 끝났거나, 끝남을 지속하고 있다는 사유가 권누리의 시를 가로지른다. 꼭 기후 위기와 같은 인류세적 재난을 떠올리지 않더라도, 이 세계는 늘 개인의 의지나 의향을 초과해 있다. 하지만 이것이 곧 우리 스스로의 책임이나, 이 세계의 지속에의 과제를 방기할 이유가 될 수 없다고 이 시들은 강조한다. 이 시집 속 세계는 더없이 가상적이고 기호적이지만, 그와 상반되는 몸의 내밀한 감각들을 자꾸 불러내는 것도 그런 이유 때문인지 모른다. 이른바 '큰 이야기'라고 말해지던 것은 더이상 불가능한 시대라고들 한다. 하지만 큰 이야기는 불가능하다 해도 우리가 개체적 힘을 초과하는 어떤 거대하고 복잡한 '얽힘' 속을 살고 있음은 분명하다. 그리고 그런 얽힘의 양상을 권누리의 시 속 유령, 신, 죽음, 부활 등이 이미지화하고 있다. 지리한 종말은 계속되고 더 나아질 기미는 보이지 않는다. 그럼에도

---

* 권누리·유승현 인터뷰, 같은 글, 271쪽.

시인이 말했듯 "꾸준히 나아가는 것"은 어쩌면 우리 시대의 거의 유일한 정언명제다.

　피부로 감각하는 온도나 무릎에 난 생채기의 아픔 혹은 보송보송한 감촉 등이 유독 이 시집에서 돌올한 것도 바로 그처럼 "꾸준히 나아가"는 찰나적 순간들에 대한 충실과 최선의 감각을 놓치지 않으려는 태도와 관련될 것이다. 아무리 정교한 루프물이라 해도, 종말은 일상에 이미 산포해 있다 해도, 감각의 미세한 결은 매 순간 다르게 기록될 수밖에 없다. 그 차이들을 증거하는 것은 결국 몸이고, 이 몸은 개체의 통합된 형상만이 아니라 무수한 마주침과 관계가 만들어내는 우발적이고 분열적인 신체다.

　앞서 이 글은 이내 사라질 것들에 대한 애수(哀愁)의 미의식을 이야기하며 시작했다. 그런데 덧붙일 말이 생겼다. 요컨대, 이내 스러지고 잦아들 저 꽃들과 매미 소리는 내년 비슷한 시기에 다시 이곳을 가득 채울 것이다. 안개는 어떤 조건 속에서 빈번히 나타남과 사라짐을 반복할 것이다. 계절이나 날씨의 순환은 이미 이 세계의 무한한 차이와 반복을 증거한다. 인간을 포함한 모든 사물(thing)의 소멸이나 죽음은 완벽한 단절이나 끝이 아니라, 그 입자가 분해되어 형태를 달리하는 사건일 따름이기도 하다. 이런 리얼리티야말로 권누리식 루프물의 리얼리티 아닐까. 시작과 함께 끝을 떠올리는 마음은 쓸쓸하다. 하지만 반대로 끝이 있어야 늘 새로운 시작이 가능해진다. 진부한 말 같지만, 어쩌면 이

것이야말로 우리가 늘 직관적으로 알고 있는 세상의 이치일지 모른다. 그러고 보니 『오늘부터 영원히 생일』 속 어떤 화자들은 이미 이 세계를 비관하거나 무력하게 추수하지 않을 방법을 충분히 알고 있었다. 이제야 어떤 화자의 다음과 같은 말이 이해되는 것이다.

> 이 루프를 이제 알 것도 같다
> 마지막 기회는 무엇을 죽이라고
> 주어진 게 아니다
>
> **살려내라고 어서 살게 하라고**
> ―「기제」 부분(강조는 인용자)

권누리 2019년 『문학사상』 신인문학상을 통해 작품활동을 시작했다. 시집 『한여름 손잡기』가 있다.

문학동네시인선 240
오늘부터 영원히 생일
ⓒ 권누리 2025

1판 1쇄 2025년 8월 25일
1판 2쇄 2025년 9월 15일

지은이 | 권누리
책임편집 | 이재현 편집 | 최예림 김봉곤
디자인 | 수류산방(樹流山房)
본문 디자인 | 고희주
저작권 | 박지영 형소진 주은수 오서영 조경은
마케팅 | 정민호 서지화 한민아 이민경 왕지경 정유진 정경주 김혜원 김예진
　　　　이서진
브랜딩 | 함유지 박민재 이송이 박다솔 조다현 김하연 이준희
제작 | 강신은 김동욱 이순호 제작처 | 영신사

펴낸곳 | (주)문학동네
펴낸이 | 김소영
출판등록 | 1993년 10월 22일 제2003-000045호
주소 | 10881 경기도 파주시 회동길 210
전자우편 | editor@munhak.com
대표전화 | 031) 955-8888 팩스 | 031) 955-8855
문학동네카페 | http://cafe.naver.com/mhdn
인스타그램 | @munhakdongne 트위터 | @munhakdongne
북클럽문학동네 | http://bookclubmunhak.com

ISBN 979-11-416-0240-6 03810

* 이 책의 판권은 지은이와 문학동네에 있습니다. 이 책 내용의 전부 또는 일부를 재사용
하려면 반드시 양측의 서면 동의를 받아야 합니다.

잘못된 책은 구입하신 서점에서 교환해드립니다.
기타 교환 문의: 031) 955-2661, 3580

www.munhak.com

문학동네